MI CONVERSIÓN
De Union Square a Roma

DOROTHY DAY

MI CONVERSIÓN
De Union Square a Roma

Segunda edición

EDICIONES RIALP
MADRID

Título original: *From Union Square to Rome*

© 2014 by Catholic Foreign Mission Society of America (Orbis Books)
© 2025 de la versión española, realizada por Gloria Esteban,
   by EDICIONES RIALP, S. A.,
   Manuel Uribe 13-15 - 28033 Madrid
   (www.rialp.com)

Primera edición: 2014
Segunda edición: 2025

Preimpresión: www.produccioneditorial.com

ISBN (edición impresa): 978-84-321-7001-0
ISBN (edición digital): 978-84-321-4457-8
ISBN (edición bajo demanda): 978-84-321-5635-9
ISNI: 0000 0001 0725 313X
Depósito legal: M-4298-2025
Impreso en Anzos, S. L., Fuenlabrada (Madrid)

A mi hermano

ÍNDICE

PRÓLOGO

En 1938, la editorial *Preservation of the Faith* publicó *De Union Square a Roma*, las primeras memorias de Dorothy Day acerca de su conversión. En el libro de memorias *La larga soledad*, escrito por ella y publicado en 1952, aparece esta breve mención a un libro anterior: «Cuando escribí la historia de mi conversión, hace ahora doce años, omití todos mis pecados, pero hablé de todas las cosas que me habían llevado a Dios, de todas las cosas hermosas, de todas las imágenes de Dios que me habían obsesionado, que me habían perseguido durante años; de modo que, cuando nació mi hija, me volví a Dios, rebosante de gozo y agradecimiento, y me hice católica»[1].

Si se lee a la luz de sus memorias más famosas, es justo considerar *De Union Square a Roma* como un borrador de *La larga soledad*. El contenido de ambos libros es similar: los primeros años de la vida de Dorothy, su participación en los movimientos radicales de la época y la sucesión de acontecimientos —los tristes y los felices— que la llevaron a convertirse al catolicismo.

---

[1] Dorothy Day. *La larga soledad*. Sal Terrae, Santander, 2000.

En realidad, su primer libro no omite todos sus pecados, pero sí presenta una omisión aún más sorprendente cuando decide concluir la narración antes de su trascendental encuentro con Peter Maurin y de los inicios del Movimiento del Trabajador Católico, relato este que ocupa la tercera y última parte de *La larga soledad.* Cuando escribió *De Union Square a Roma,* el propósito de Dorothy Day era más concreto. Al dirigirse a sus antiguos camaradas de la izquierda —personificados en su hermano—, pretendía justificar por qué había abrazado la fe católica: un paso que ellos consideraron una traición a la causa radical.

En esta conversión intervinieron muchos factores, entre los que se contaba el ejemplo de algunos católicos a los que había conocido. Ya desde niña percibió que poseían algo de lo que ella carecía: un sentido del equilibrio y el orden, cierto acceso a lo trascendente. Durante toda su vida, escribe Day, la habían perseguido «las imágenes de Dios» y la sensación de que la vida tenía una dimensión espiritual y más profunda. Así lo experimentó en momentos de aflicción —sus solitarias estancias en la cárcel, por ejemplo— y en momentos de dicha, como lo fue el nacimiento de su hija. Esta última experiencia, recordaba ella misma en los diarios de aquella época, acabó empujándola a dar el salto hacia la fe. Había encontrado la perla de gran valor por la que estaba dispuesta a sacrificarlo todo.

Pero, entre «todas las cosas que me habían llevado a Dios», Dorothy atribuye un peso especial a sus experiencias en el movimiento radical. Durante años se movió en un círculo ecléctico de socialistas, anarquistas, escritores bohemios y todo tipo de rebeldes, cuyo principal punto de unión eran su oposición al statu quo y sus deseos de un mundo mejor. Al hacerse católica, Day decidió no dar la espalda a lo que había de bueno y noble en principios como el espíritu de solidaridad, la veneración por los pobres y oprimidos, el respeto a la dignidad del trabajo, la disposición a sufrir por una causa, el espíritu idealista y la capacidad de indignación. En el Evangelio todo aquello adquiría un significado más amplio.

En una de sus declaraciones más célebres afirma: «Habría que decir que lo encontré [a Dios] en sus pobres y que, en un momento de dicha, me volví a Él. He dicho, a veces con ligereza, que la masa de arrogantes cristianos burgueses que negaban a Cristo en sus pobres me hicieron volverme al comunismo, y que fueron los comunistas y mi colaboración con ellos los que me hicieron volverme a Dios».

Hay indicios de que a Day nunca le convenció del todo el título de este libro, que sugería la existencia de un abismo entre el mundo de la agitación radical —Union Square— y el mundo de la fe, cuando en realidad la vida de Day sirvió de puente entre ambos. No hay símbolo tan claro de ello como la decisión de lanzar el primer número de *The Catholic Worker* el 1 de mayo de 1933, en el transcurso de un mitin comunista celebrado en Union Square.

Pero Day optó por reservar esa historia para otro libro.

Simone Weil escribió un ensayo sobre lo que llamaba «las formas implícitas del amor a Dios», entre las que incluía la amistad, el amor al prójimo, la belleza del mundo y la práctica religiosa. Todas ellas, dice Weil, guardan dentro de sí la gracia de Dios y la capacidad de elevar el alma, aunque no se reconozca a Dios de forma explícita. Y todas estas formas implícitas están presentes en la historia de Day. Pero en *De Union Square a Roma* se añade una más: la dedicación a los pobres y la pasión por la justicia. Citando al novelista François Mauriac, Day escribe: «Es imposible que quien guarda en su corazón la caridad auténtica no sirva a Cristo. Incluso algunos que creen odiarle han consagrado sus vidas a Él, porque Jesús se disfraza y enmascara en medio de los hombres, se esconde entre los pobres, entre los enfermos, entre los presos, entre los extranjeros».

En este libro Day describe los pasos mediante los cuales ese amor a Dios implícito fue haciéndose explícito, y cómo acabó aceptando la fe que estuvo «siempre en [su] corazón». Por otra parte, en toda conversión existe un elemento misterioso, un factor que no se puede alcanzar con la razón ni expresar con palabras. Es imposible saber a cuántos «hermanos» suyos convenció este ejercicio apologético. El misterio permanece oculto detrás de las palabras, como Day dejó entrever al hacer esta enigmática declaración —nunca como entonces estuvo tan cerca de los proverbios zen—: «Esta exaltación de la elocuencia oculta el hecho de que en este mundo hay millones de personas que sienten y, de alguna manera, siguen actuando valerosamente aunque no sean capaces de hablar o razonar con brillantez. Quizá estas mismas palabras encubran todas las cosas que ahora ignoramos, y quién sabe si ese silencio puede conducirnos a ellas».

Robert Ellsberg

INTRODUCCIÓN

Esto no es una autobiografía. Tampoco es el relato completo de la vida de la autora. Para escribir sobre los acontecimientos y las personas que la ayudaron en su camino hacia Dios, Dorothy Day retrasa el reloj veinte años o más. El libro no contiene nada relativo al movimiento con el que todavía hoy continúa comprometida. Estas pocas páginas se detienen en el umbral de ese movimiento que se conoce y del que se habla en muchos lugares de la tierra. No hay en ellas controversia, aunque no cabe duda de que muchos de sus pasajes suscitarán críticas. Se trata de un documento humano cuya redacción requiere un importante esfuerzo. ¿Qué es, pues, lo que le mueve a escribirlo?

Muchos de sus familiares y amigos comunistas siguen preguntándose con consternación: «¿Cómo ha podido hacerse católica?». No en vano compartía con ellos la convicción de que «la religión es el opio del pueblo». Las circunstancias que la llevaron a convertirse son extrañas: tan extrañas que hoy, transcurridos muchos años, en la Iglesia hay quienes no creen que sea católica, sino una enemiga infiltrada.

A todos ellos, personificados en su hermano, dirige Dorothy Day este relato. Algunos capítulos ya han aparecido en la revista *The Preservation of the Faith* y, en respuesta a las peticiones de numerosos lectores, lo hacen ahora en forma de libro. Otros fragmentos se han publicado en *America* y en *The Sign*, cuya autorización para reeditarlos agradecemos.

En esta introducción se podría seguir escribiendo mucho más, pero nos parece mejor detenernos aquí. No obstante, hay un aspecto que no puede perderse de vista mientras se lee este libro, y es que está dirigido a su hermano, un comunista. «Se sumerge en el pasado», hasta la época en que también ella creía lo que muchos comunistas siguen afirmando creer hoy. Day no siempre puede explicarse; no siempre es agradable hacerlo. Como ya hemos apuntado, el relato termina con su conversión, momento en que se inicia realmente su labor. Y, estés o no de acuerdo con esa labor, seguro que te conmoverá la lucha por encontrar a Dios que la precedió.

I.
POR QUÉ

Me resulta difícil sumergirme en el pasado, pero es algo que hay que hacer y que pesa sobre mí como una losa. San Pedro afirma que debemos dar razón de nuestra fe: lo que yo pretendo es ofrecerte esas razones.

Esto no es una autobiografía. Soy una mujer que ha cumplido cuarenta años y no tengo intención de dejar por escrito la historia de mi vida. Te ruego que lo tengas presente mientras lees esto. Aunque es cierto que muchas veces el temor que nos inspiran nuestros pecados nos hace volvernos a Dios, lo que me interesa exponer en este libro es la sucesión de acontecimientos que me llevaron a sus pies, los atisbos que fui recibiendo de Él durante muchos años y que me hicieron sentir la imperiosa necesidad de Dios y de la religión. Intentaré recorrer y te mostraré los pasos que me condujeron a abrazar la fe que creo que anidó siempre en mi corazón. Por eso, la mayor parte del tiempo hablaré de lo bueno que encontré en un entorno y entre una gente que se habían propuesto rechazar a Dios.

Lo característico del ateo consiste en el rechazo deliberado de Dios. Y como tú no rechazas a Dios ni abrazas el mal deliberadamente, no eres ateo. Puesto que juzgas y niegas con tus palabras lo que no niegan ni tu corazón ni tu mente, considérate un agnóstico.

A pesar de sentirme poderosa e irresistiblemente atraída hacia Dios, a veces también he elegido deliberadamente el mal. Es difícil decir hasta qué punto me indujeron a elegirlo. Aquí lo importante no es en qué medida influyeron en mi estilo de vida los profesores, los compañeros o las lecturas. El hecho es que hubo en ello mucho de elección deliberada. Generalmente lo hice siguiendo «los designios y deseos de mi propio corazón»; otras veces fue quizá esa idea baudeleriana de elegir «el camino que desciende hacia la salvación»; y otras intervino la libertad, ese libre albedrío cuya existencia es probable que yo negara en aquella época. Y por eso, por ser deliberado y por conocer su gravedad, fue un pecado mortal que ojalá Dios me perdone. Fueron la arrogancia y el sufrimiento de la juventud. Una simple excusa, patética, pobre y miserable.

Ese anhelo de estar con los pobres, los humildes y los abandonados ¿no iría mezclado con el torpe deseo de unirme a los disolutos? Mauriac se refiere a este orgullo y a esta hipocresía sutiles: «Existe una hipocresía peor que la de los fariseos: el cubrirse con el ejemplo de Cristo para ceder a la propia lujuria y buscar la compañía de los disolutos».

Digo esto porque a veces, mientras escribo, me asusta mi conjetura. Como me asusta también no contar o distorsionar la verdad. No puedo garantizar que no lo haga, pues escribo del pasado. Pero toda mi perspectiva ha cambiado y, cuando busco las causas de mi conversión, a veces me vienen a la mente unas cosas, y a veces otras distintas.

Por mucho que deseemos conocernos, lo cierto es que no nos conocemos. ¿De verdad queremos vernos como nos ve Dios, o como nos ve el resto de nuestros semejantes? Dada nuestra debilidad ¿podríamos asumirlo? Conoces ese sentimiento de alegría que a veces nos asalta, vestido —por así decirlo— bajo el ropaje de la satisfacción con el mundo y con nosotros mismos. Somos nosotros y no queremos ser ningún otro. Estamos contentos de que Dios nos haya hecho como somos y no deseamos parecernos a nadie más. La felicidad y la alegría de nuestro estado de ánimo, en función del tiempo o de la salud de que gocemos, son puramente animales. No queremos recibir esa nítida visión interior que nos descubra nuestros defectos más ocultos. Los salmos contienen esta oración: «De las faltas ocultas absuélveme». No sabemos cuánto orgullo y cuánto amor propio hay en nosotros hasta que alguien a quien respetamos y amamos se vuelve en nuestra contra. Entonces, esa afrenta, esa ofensa repentina que recibimos, nos descubre con deslumbrante claridad nuestro amor propio, y nos sentimos avergonzados...

Empezaré escribiendo cómo descubrí la Biblia y la impresión que produjo en mí. Debía de leerla con frecuencia, porque en mi juventud me acompañaron numerosos pasajes que me inquietaban y perseguían. ¿Conoces los salmos? Fueron mi principal lectura mientras estuve en la prisión de Occoquan. Los leía con la sensación de estar recuperando algo que había perdido. Hallaban un eco en mi corazón. ¿Cómo puede haber alguien que conozca la aflicción y la felicidad humanas y no reaccione ante estas palabras?

> «Desde lo más profundo, Te invoco, Señor.
> Señor, escucha mi clamor;
> estén atentos tus oídos a la voz de mi súplica.
> Si llevas cuenta de las culpas, Señor, Señor mío, ¿quién
>   podrá quedar en pie?
> Pero en Ti está el perdón,
> y así mantenemos tu temor.

Espero en Ti, Señor.
Mi alma espera en su palabra;
mi alma espera en el Señor
más que los centinelas la aurora.
Los centinelas esperan la aurora,
pero tú, Israel, espera en el Señor;
pues en el Señor está la misericordia,
en Él, la redención abundante.
Él redimirá a Israel
de todas sus culpas».

«Señor, escucha mi oración,
por tu fidelidad presta oídos a mi súplica;
por tu justicia escúchame.
No entres en juicio con tu siervo,
pues ante ti ningún viviente es justo.
El enemigo persigue mi alma,
aplasta mi vida contra el suelo,
me hace habitar en las tinieblas
como los que están muertos para siempre.
Mi espíritu desfallece;
desolado está mi corazón dentro de mí.
Recuerdo los días antiguos,
medito en todas tus hazañas,
considero las obras de tus manos.
Extiendo mis manos hacia Ti,
mi alma está ante Ti como tierra reseca.
Date prisa en responderme, Señor,
se me acaba el aliento.
No me escondas tu rostro,
y sea como los que bajan a la fosa.
De mañana hazme sentir tu misericordia,
porque confío en Ti.

Muéstrame el camino que debo seguir,
que a Ti levanto mi alma».

Durante aquellos tediosos primeros días de aislamiento
en la cárcel, los únicos pensamientos que aportaban consuelo
a mi alma eran esos versículos de los salmos que expresaban
el temor y la miseria del hombre sumido repentinamente en
la aflicción y el abandono. La soledad, el hambre y el hastío
agudizaban mi sensibilidad hasta tal punto que, además de mi
propio dolor, sufría también el de quienes me rodeaban. Dejé
de ser yo: era el hombre. Dejé de ser una joven radical que per-
seguía la justicia para los oprimidos: era el oprimido. Era esa
drogadicta que gritaba y se revolvía en su celda, golpeándose
la cabeza contra el muro. Era esa ratera cuya rebelión le había
valido el aislamiento. Era esa mujer que había acabado con la
vida de sus hijos y asesinado a su amante.

Me rodeaban las tinieblas del infierno. Me envolvía todo
el dolor del mundo. Como quien ha caído en un foso. La
esperanza me había abandonado. Era esa madre a cuya hija
habían violado y asesinado; era la madre que había dado a luz
al monstruo culpable de ese crimen; era incluso ese monstruo
y en mi corazón estaba contenida toda aberración.

Cuando releo esto, me parece una visión desproporcio-
nada y demasiado apasionada de las reacciones de una joven
reclusa. Pero, si vives mucho tiempo en los suburbios de las
ciudades, si te codeas permanentemente con el pecado y el
sufrimiento, es difícil percibirlo con tanta evidencia. Muchas
veces pienso que la gente tiene un instinto de protección que
le impide acercarse demasiado al sufrimiento de los demás. Se
apartan de él y se acostumbran. Los periódicos y su modo de
presentar los crímenes atestiguan la repugnante verdad de que
leer sobre el sufrimiento ajeno provoca una excitación y un placer secretos. Podría decirse que constatar la tragedia de las vidas

ajenas produce una sensación superficial. Pero quien ha aceptado la necesidad y la pobreza como el camino por el que transitar en esta vida, no blinda su sensibilidad ante el dolor ajeno.

Y si el Espíritu Santo no hubiera estado ahí para confortarme ¿cómo podría haber hallado consuelo, cómo podría haber resistido, cómo podría haber conservado la esperanza?

La imitación de Cristo es un libro que me ha acompañado toda la vida. Nunca he dejado de tropezarme con algún ejemplar y su lectura siempre me ha consolado. En el trasfondo de mi vida he percibido una fuerza latente que acabaría elevándome.

Más tarde conocí el poema de Francis Thompson, *El sabueso del cielo*, y me conmovió su fuerza. Fue Eugene O'Neill quien me lo recitó por primera vez en el cuarto interior de una taberna de Sixth Avenue donde solían reunirse actores y autores de la Princetown[1] después de sus representaciones:

> «Le huía noche y día
> a través de los arcos de los años,
> y le huía a porfía
> por entre los tortuosos aledaños
> de mi alma, y me cubría
> con la niebla del llanto».

A lo largo de mi vida diaria, en quienes trataba, en aquello que leía y oía, percibía esa sensación de ser perseguida y deseada; una sensación esperanzada y expectante.

En aquella época leí todas las novelas de Dostoievski, lo que supuso —como dice Berdyaev[2]— una profunda experien-

---

[1] Grupo teatral norteamericano creado en 1915 cuyo objetivo era la renovación del teatro de los años 20. (En adelante todas las notas son de la traductora).

[2] Escritor y filósofo ruso (1874-1948).

cia espiritual. La escena de *Crimen y castigo* en la que la joven prostituta lee a Raskolnikov el Nuevo Testamento, sintiendo el pecado que pesaba sobre él con más intensidad que el propio; el relato *El ladrón honrado*; pasajes de *Los hermanos Karamazov* como las palabras del padre Zosima, la conversión de Mitia en la cárcel, la leyenda del Gran Inquisidor; todo aquello me servía de guía. Los personajes de Aliosha y *El idiota* daban testimonio de Cristo en nosotros. La lectura de estos libros a mis veintipocos años, cuando experimentaba la amargura y la miseria de la vida y me estremecían su dureza y crueldad, me conmovieron en lo más profundo de mis entrañas.

¿Recuerdas el breve relato que narra Grushenka en *Los hermanos Karamazov*? «Había una mala mujer que murió sin dejar a su espalda la menor sombra de virtud. El demonio se apoderó de ella y la arrojó al lago de fuego. Su ángel guardián se devanaba los sesos para recordar alguna buena obra de la condenada y poder referírsela a Dios. Al fin, se acordó de una y le dijo al Señor: "Arrancó una cebolla de su campo para dársela a un mendigo". Dios le contestó: "Toma esta cebolla y tiéndesela a la mujer del lago para que se aferre a ella. Si consigues sacarla, irá al paraíso; si la cebolla se rompe, la pecadora se quedará donde está". El ángel corrió hacia el lago y le tendió la cebolla a la mujer. "Toma", le dijo, "cógete fuerte". Empezó a tirar con cuidado y pronto estuvo la mujer casi fuera. Los demás pecadores, al ver que sacaban a la mujer del lago, se aferraron a ella para aprovecharse de su suerte. Pero la mujer, en su maldad, empezó a darles puntapiés. "Es a mí a quien sacan y no a vosotros; la cebolla es mía y no vuestra". En este momento, el tallo de la cebolla se rompió y la mujer volvió a caer en el ardiente lago, donde está todavía. El ángel se marchó llorando».

A veces, al meditar en la bondad de Dios conmigo y maravillarme de ella, he creído ver la razón en las cebollas que he regalado. Dios me ha enseñado cómo conocerle amando sinceramente a los pobres. Y, cuando pienso en lo poco que he hecho, me siento henchida de esperanza y de amor hacia quienes se han entregado a la causa de la justicia social.

«¡Qué gloriosa esperanza!», escribe Mauriac. «Están todos esos que descubrirán que su prójimo es el propio Jesús, aunque formen parte de la muchedumbre de quienes no conocen a Cristo o se han olvidado de Él. Y, sin embargo, recibirán mucho amor. Es imposible que quien guarda en su corazón la caridad auténtica no sirva a Cristo. Incluso algunos que creen odiarle han consagrado su vida a Él, porque Jesús se disfraza y enmascara en medio de los hombres, se esconde entre los pobres, entre los enfermos, entre los presos, entre los extranjeros. Muchos de los que le sirven oficialmente nunca han sabido quién fue, y muchos de los que ignoran hasta su nombre escucharán en el último día las palabras que les abran las puertas de la felicidad. "Yo era esos niños y era esos trabajadores. Yo era quien lloraba en la cama del hospital. Yo era el asesino al que consolaste en su celda"».

Sin embargo, los atisbos de Dios se producían siempre cuando estaba sola. Quienes me critican no pueden decir que lo que me hizo volverme a Él fue el temor a la soledad y al sufrimiento. Lo encontré precisamente durante esos pocos años en que estuve sola y fui más feliz. Lo acabé encontrando en la alegría y en la gratitud, y no en el dolor.

Aunque tampoco debería decir eso. Más bien debería decir que lo encontré a través de sus pobres y, en un momento de dicha, me volví a Él. He afirmado, a veces con ligereza, que la masa de arrogantes cristianos burgueses que negaban a Cristo en sus pobres me hicieron volverme al comunismo, y que fueron los comunistas y mi colaboración con ellos los que me hicieron volverme a Dios.

El comunismo, dice el Santo Padre, es comparable a la herejía, y una herejía es la distorsión de la verdad. Muchos cristianos han perdido en buena medida la visión del aspecto comunitario del cristianismo y el resultado ha sido el ideal colectivo. No han sabido aprender una filosofía del trabajo, no han sabido ver a Cristo en el obrero. Por eso en Rusia a quien se exalta es al trabajador, y no a Cristo. La dictadura del proletariado la sostiene un solo hombre, que es también un dictador. Se ha acabado convirtiendo al proletariado en el Mesías, en el libertador.

Al místico se le podría definir como un hombre enamorado de Dios: no como un hombre que ama a Dios, sino *enamorado de Dios*. Y este amor místico, que consiste en un sentimiento sublime, lleva a amar las cosas de Cristo. Sus huellas son sagradas. En todas las épocas se camina tras los pasos de su Pasión y muerte. Cada vez que se entra en una iglesia es fácil encontrarse a alguien rezando el vía crucis. Meditan los misterios de su vida, muerte y resurrección, y de ese modo rememoran amorosamente esas antiguas escenas y se identifican con sus protagonistas.

Cuando sufrimos, nos dicen, sufrimos con Cristo; estamos «completando los sufrimientos de Cristo». Sufrimos su soledad y su temor en el Huerto, mientras sus amigos duermen. Junto a Él, nos inclinamos bajo el peso de nuestros pecados, de los pecados de los demás, de los del mundo entero. Somos las víctimas del pecado y somos quienes pecan. Nos identificamos con Él, nos hacemos uno con Él. Somos miembros de su Cuerpo Místico.

Muchas veces hay un componente místico en el amor del activista radical hacia su hermano, hacia el compañero obrero. Ese amor se prolonga al escenario de sus sufrimientos y se reverencian los lugares donde han sufrido y hallado la muerte. Los nombres de sitios como Everett, Ludlow, Bisbee, South Chicago, Imperial Valley, Elaine, Arkansas, y todos aquellos en los que ha habido trabajadores que han padecido y muerto por su causa se han convertido en algo sagrado. Tú conoces ese sentimiento tan bien como cualquier otro radical de este país. Quizá tu ignorancia te impida reconocer el nombre de Cristo, pero yo creo que procuras amar a Cristo en sus pobres, en sus perseguidos. Cada vez que los hombres pierden la vida por sus compañeros, en cierto modo lo hacen por Él. Es algo de lo que estoy convencida, aunque tú y otros muchos tal vez no lo veáis así.

«En verdad os digo que cuanto hicisteis a uno de estos mis hermanos más pequeños, a mí me lo hicisteis». Lo creo tan firmemente que no es de extrañar que haya acabado a los pies de Cristo.

Con esto no quiero decir en absoluto que yo —o cualquier radical— vivamos en estado de éxtasis. El amor es cuestión de voluntad. Tú sabes cómo desfallece el ánimo durante una huelga prolongada, lo que les cuesta a los líderes mantener alta la moral de los hombres y vivo el fuego de su esperanza. También a ellos les resulta difícil no perder esa esperanza. Santa Teresa se refiere a las tres potencias del alma: memoria, inteligencia y voluntad. Los líderes que usan la inteligencia comprenden lo que es la lucha, saben que muchas veces la victoria se obtiene a raíz de la derrota y cómo la más mínima ganancia beneficia a los trabajadores de toda la nación, y mediante el recuerdo de las luchas pasadas son capaces de fortalecer su voluntad para seguir adelante. Solo el ejercicio de estas facultades del alma hace posible que amemos al prójimo. Esa fortaleza procede de Dios. No puede existir fraternidad sin la Paternidad divina.

Piensa en una fábrica en la que el cincuenta por ciento de los trabajadores están satisfechos y se despreocupan de sus compañeros. Es difícil infundir en ellos la idea de solidaridad. Piensa en esos trabajadores que desprecian a sus compañeros negros, húngaros, italianos, irlandeses, y en quienes perviven el odio racial y los sentimientos nacionalistas. Es difícil vencer su tenaz oposición con paciencia y amor. Por eso existen la coacción, las palizas a los esquiroles, las amenazas y los odios crecientes. Por eso en la lucha obrera, si no hay un líder sensato y paciente, se produce la desunión, el desgarro del Cuerpo Místico.

Hasta los líderes obreros más descreídos, cuando he hablado con ellos, han entendido lo conveniente que es la paciencia. Son conscientes de que el uso de la fuerza ha perdido más huelgas de las que ha ganado. Son conscientes de que, cuando en una huelga no hay violencia, es posible que el empresario utilice a sus guardas armados y a sus esquiroles. Así ha ocurrido siempre en la historia obrera.

Lo que cuesta hacerle entender a un líder obrero es que también se puede amar al empresario, por muy injusto que este sea; que se puede intentar vencer su oposición mediante una oposición no violenta: dejando de trabajar, es decir, con las huelgas y el boicot, que son medios pacíficos y más eficaces. Debemos intentar hacérselo entender así, debemos intentar convertirle. Hemos de perdonarle setenta veces siete, igual que perdonamos a nuestros compañeros obreros y seguimos intentando hacerles entender el sentido de la solidaridad.

Esta es una cuestión que no parecen comprender los trabajadores de este país ni de ningún otro. La lucha de clases existe. No podemos negarlo: está ahí. Las diferencias de clase han llegado también hasta aquí, hasta América, donde siempre nos hemos jactado de que un muchacho de origen humilde puede llegar a ser presidente, o el chico de los recados director de una empresa. El hecho de que sean necesarias las leyes de seguridad nacionales o los seguros de vejez y desempleo es prueba de la existencia del proletariado. Con demasiada frecuencia, el sueldo que paga el empresario no basta para que un hombre pueda mantener a su familia en la salud y en la enfermedad. Los trabajadores no cualificados —que son la mayoría— no cuentan con medios suficientes que les permitan ahorrar para la vejez, para comprar una casa o una participación en alguna sociedad. Llevan demasiado tiempo explotados y triturados. Se ha fijado una línea que separa al rico del pobre, al propietario del proletario que no tiene nada, que es un desposeído.

¿Cómo convertir al empresario que ha desalojado a todos sus trabajadores por seguir una huelga, obligando a hombres, mujeres y niños a vivir en tiendas; que ha recurrido —como Rockefeller en Ludlow— a guardas armados para disparar contra esas tiendas y prenderles fuego, acabando con la vida de veintiocho mujeres y niños? ¿Cómo perdonar a hombres así? ¿Cómo convertirlos? Esta es la pregunta que te hace el obrero desde la amargura de su corazón. Solo mediante un amor semejante al de Cristo son capaces los hombres de perdonar.

Recuerda las últimas palabras de Vanzetti[3] antes de morir en la silla eléctrica: «Quiero decirles que soy inocente. Nunca he cometido ningún crimen, aunque algunas veces haya pecado. Deseo perdonar a la gente que me está haciendo esto»; y lo que dijo en el momento de su condena: «Si no hubiera sido por esto, habría podido vivir charlando en las esquinas y criticando a la gente. Habría muerto olvidado, ignorado, fracasado. Ahora no hemos fracasado. Esta es nuestra carrera y nuestra victoria. Nunca en la vida hubiéramos esperado hacer tanto por la tolerancia, por la justicia, por que el hombre entienda al hombre, como lo estamos haciendo sin quererlo. Ni con nuestras palabras, ni con nuestras vidas, ni con nuestros sufrimientos: ¡nada! Perdiendo nuestras vidas, la vida de un buen zapatero y un pobre pescadero: ¡todo! Ese último ins-

---

[3] Los inmigrantes italianos Bartolomeo Vanzetti y Nicola Sacco, ambos activistas anarquistas, fueron ejecutados en 1927 en la silla eléctrica después de ser condenados de asalto a mano armada y asesinato sin pruebas fehacientes. Se convirtieron en mártires del movimiento obrero.

tante es nuestro. Esa agonía es nuestra victoria». Perdonó a quienes lo habían condenado a años de cárcel, a quienes lo habían acosado hasta la muerte. Tú has leído a Mauriac: Vanzetti fue uno de esos hombres a los que se refería cuando dijo: «Es imposible que quien guarda en su corazón la caridad auténtica no sirva a Cristo. Incluso algunos que creen odiarle han consagrado sus vidas a Él».

Por hombres como estos, poco a poco me fui convenciendo de la necesidad de Dios y de la religión en mi vida diaria. Ahora sé que la Iglesia católica es la Iglesia de los pobres, por mucho que tú hables de las riquezas de los sacerdotes y los obispos. En estas páginas menciono a los pocos católicos que conocía antes de mi conversión, pero todos los días veía a la gente salir de misa. Aunque no había puesto un pie en una iglesia católica, veía que allí, junto a Él, se sentían como en su casa. Los primeros viernes de mes, durante las novenas y las misiones, salían y entraban de las iglesias como de un hormiguero. Los había de todas las nacionalidades, de todas las clases sociales, pero la mayoría eran pobres. Hasta los ataques que la Iglesia recibía me parecían una prueba de su divinidad. Solamente una institución divina podría haber sobrevivido a la traición de Judas, a la negación de Pedro, a los pecados de muchos de los que profesaban esa fe y de quienes se esperaba que socorrieran a los pobres.

O Cristo es Dios, o es el mayor mentiroso e impostor de este mundo. Vosotros, los comunistas, que decís que lo veneráis como líder de la clase obrera, ¿cómo no sois capaces de verlo? Y si Cristo instituyó su Iglesia en este mundo sobre la roca de Pedro, ese pecador que le negó tres veces, que huyó de su lado cuando corría peligro, yo también deseaba participar de ese amor tierno y misericordioso, de ese amor tan grande. Cristo puede perdonar todos los pecados y desearnos ardientemente, por muy bajo que hayamos caído.

¡Cómo divago! En parte lo hago por evitar empezar este libro. No cabe duda de que resultará inconexo y quizá incoherente, pero he prometido escribirlo. Como te he dicho, me resulta doloroso. Para ello he de escarbar en mi interior. Yo misma saldré herida. Quizá tenga que decir cosas que preferiría callar.

Al fin y al cabo, mis experiencias son más o menos universales. Todos conocemos el dolor, la tristeza, el arrepentimiento, el amor. Son cosas más fáciles de llevar cuando recordamos su universalidad, cuando recordamos que todos somos o podemos ser miembros del Cuerpo Místico de Cristo.

Aun así, no me gusta escribir sobre otros ni violar su intimidad, y menos aún la de quienes me son más cercanos y queridos. Por eso, en las páginas que siguen he procurado hablar lo menos posible de otras personas, tanto de mi familia como de aquellas con las que mantuve una relación más estrecha.

Una conversión es una experiencia solitaria. Ignoramos lo que ocurre en lo más hondo del corazón y del alma de los demás. Apenas nos conocemos a nosotros mismos.

2.
INFANCIA

Me preguntas cómo sucedió todo, ese giro hacia la religión, y hablas de ello como si le hubiera dado la espalda a mi vida, cuando la religión siempre fue una parte importante de ella.

«Toda mi vida me ha atormentado Dios», dice uno de los personajes de Dostoievski. Eso era lo que me ocurría a mí. Comprobarás que cito mucho a este autor ruso, y es que los dos hemos leído su obra. Y lo cito a menudo porque ha ejercido una poderosa influencia en mi vida, en mi modo de pensar.

Debo remontarme al principio, a mis primeros recuerdos de Dios. Algo que requerirá mucho tiempo. Tal vez hubiera sido mejor contártelo durante uno de esos largos paseos que a ti y a mí tanto nos gustaba dar entrada la noche junto al río, en el East Side, enfrentándonos al hielo y la nieve invernales, caminando a paso veloz como si tuviéramos algún objetivo, aunque nuestro único propósito fuese resolver algún problema entre los dos. O uno de esos días de otoño, en el campo, cuando íbamos a pescar al embarcadero y nos tumbábamos en el espigón, escuchando en la oscuridad el sonido de las olas. Una historia tan larga exige un escenario de este tipo.

Todo empezó en California, adonde nuestra familia se había trasladado desde Nueva York un año antes. Vivíamos en Berkeley, en una casa amueblada, a la espera de que nuestros muebles doblaran el Cabo de Hornos. Era un domingo por la tarde, en el desván. Recuerdo que hacía mucho frío, aunque en el jardín florecían las rosas, las violetas y los lirios de agua. Mi hermana y yo habíamos estado confeccionando muñecas con los lirios: las cabezas eran capullos que colocábamos en uno de los extremos de esa flor esbelta y elegante. Luego hacíamos perfume, machacando las flores dentro de una botella con un poco de agua. Todavía puedo recordar ese aroma tan peculiar, delicioso y penetrante.

Recuerdo que estábamos en el desván. Me hallaba sentada detrás de una mesa, jugando a que era una profesora y leía en voz alta una Biblia que me había encontrado. Poco a poco, mientras leía, iban imprimiendo sobre mí una nueva personalidad. Alguien se me estaba dando a conocer y, casi instantáneamente, comprendí que estaba descubriendo a Dios.

Sé que acababa de descubrirle a Él porque me sentí profundamente excitada. Era como si la vida fuese, en todos los sentidos, más plena, más rica, más apasionante. Se trataba de Alguien a quien no conocía de antes y, sin embargo, sentía que jamás me olvidaría de Él, que nunca nos separaríamos. Aquello podía desvirtuarse, podía adquirir nuevos significados, nuevas facetas, pero la vida ya nunca volvería a ser la misma. Había hecho un importante descubrimiento.

Obviamente, yo ya había oído hablar de Dios. Antes de mudarnos a California, tus hermanos mayores y yo íbamos a la escuela en Bath Beach: allí, todas las mañanas, la profesora leía un pasaje de la Biblia; nosotros inclinábamos la cabeza sobre el pupitre y recitábamos el padrenuestro. Lo había olvidado hasta ahora, cuando me he puesto a escribir. Entonces no dejó ninguna huella en mí y mi único recuerdo es cómo, después de rezar, alzaba la cabeza y veía desaparecer el rastro de mi aliento sobre el barniz del pupitre.

En mi familia no se mencionaba el nombre de Dios. Mis padres nunca iban a la iglesia y ninguno de nosotros estaba bautizado. Hablar del alma se consideraba una falta de pudor, desvelar algo que era preferible mantener oculto.

De mi primera infancia guardo muchas y vívidas impresiones. Puedo recordar imágenes, vistas, sonidos y olores. Disfruté intensamente de mis primeros años. Había mucho que hacer, muchos juegos y diversiones, mucho que leer. También me vienen a la memoria grandes sufrimientos, el remordimiento de los pecados de la infancia.

Pero, de esos primeros años, solo recuerdo ese capítulo y esa oración rutinaria de la escuela que no me hacían sentir nada. Lo que en este momento acude a mi mente es aquella tarde de domingo en el oscuro desván, y la rica e intensa sensación de poseer un libro que me acompañaría toda la vida.

Yo ya llevaba mucho tiempo leyendo: desde los cuatro años, de hecho. Recuerdo mis lecturas, los relatos para niños y *Las mil y una noches*, un libro fascinante que conocí a los seis años. Sin embargo, aquella era la primera Biblia que veía. Formaba parte del mobiliario de la casa y ya entonces tuve el deseo de quedármela.

Luego se produce un vacío en mi memoria. Debió de ser poco después cuando nos trasladamos de Berkeley a Oakland. Nuestros muebles ya habían llegado y nos instalamos en una casa rodeada de bosques, en medio del campo, cuyas ventanas daban a las colinas; los incendios forestales (que nunca parecían faltar) perfumaban el aire, formando una niebla que cubría las colinas de colores cambiantes.

No me había quedado con la Biblia. De hecho, pasaron varios años antes de volver a encontrarme con una. Más abajo, en la casa vecina a la nuestra, vivía Naomi Reed, una niña de la misma edad que yo cuya madre era propietaria de una tienda de comestibles contigua a su casa. Eran varios hermanos y no tenían padre: la señora Reed era viuda (la primera que conocí).

Los Reed eran metodistas practicantes. Al poco tiempo, empecé a acompañar a Naomi a la iglesia y a la escuela dominical, que tenía anexa una biblioteca de libros de espiritualidad. Pero lo mejor de todo era el canto de los himnos. Me apasionaba el sonido de la iglesia rebosante de voces que entonaban aires siempre fervorosos, fueran tristes o alegres. Penetraban en mis huesos hasta la médula y me ponían la carne de gallina, y sentía un cosquilleo en la nuca. Comencé a acudir regularmente a la iglesia.

Casi tanto como aquello me gustaba oír a la señora Reed y a sus hijos por la noche, cuando entonaban himnos antes de acostarse. Los quería y los admiraba a todos. Su vida de familia era para mí un ejemplo de paz, de unidad, de amor. Admiraba incluso su arrogancia, esa convicción de que ellos estaban salvados y de que nosotros, los que no íbamos a la iglesia, nos condenaríamos (algo que no llegué a creer ni por un instante, pero que formaba parte de su atmósfera y que yo aceptaba al mismo tiempo que a ellos). Lo que sí reconocía era que poseían algo de lo que carecíamos nosotros: una creencia, una fe, y el orden y el sosiego que esa fe traía consigo.

Más tarde, Naomi dejó de jugar conmigo porque me oyeron insultar (y lanzarle cosas) a mi hermano mayor con motivo de una disputa sobre cuál de los dos era el propietario de unos conejillos de Indias. Entonces me arrojaron a las tinieblas exteriores. No volvieron a invitarme a ir a la iglesia. Ya no me dejaban jugar con Naomi. Me refugié en una díscola pandilla de chicos que tenían la casa empapelada con cómics, se escapaban hasta Idora Park y volvían a casa de noche, y a quienes les traían sin cuidado sus madres; y lo cierto es que me lo pasaba muy bien.

Me fue imposible conservar esa deliciosa sensación de estar salvada. Era difícil mantenerla con toda la familia en contra. En cualquier caso, no quería salvarme sola. Tal vez aquello fuera únicamente un juego, un manto, una ropa que uno se quitaba y se ponía. Me agobiaba pensar en ello. Mi cabeza no volvió a ocuparse de la iglesia ni de la fe hasta un año después, cuando conocí por primera vez a un católico.

Nos quedamos en California hasta después del terremoto que nos hizo emigrar al este. En aquella época vivíamos en Oakland. Así como tengo el recuerdo de haber estado rezando unos cuantos años después por miedo a una tormenta, no guardo en mi memoria que hiciera lo mismo durante el devastador seísmo, pese a que me acuerdo perfectamente de él. Por entonces tenía ocho años. Comenzó pasadas las dos de la madrugada con un pavoroso rugido que surgía del interior de la tierra. Duró dos minutos y veinte segundos, tiempo más que suficiente para morir de miedo, aunque no recuerdo haberme asustado. Quizá pensé que era un sueño, o quizá estaba semiinconsciente. Los cuadros se cayeron de las paredes y la cama se trasladó de un extremo a otro del suelo encerado. Mi padre sacó a mis hermanos de la casa y mi madre consiguió —solo Dios sabe cómo— salir con mi hermana. Creo que el primer temblor acabó antes de que volvieran en mi rescate.

Mi recuerdo más nítido del terremoto es el calor humano y la bondad generalizada que lo siguieron. Durante días, los refugiados estuvieron huyendo en masa de las llamas de San Francisco, acampando en Idora Park y continuando hasta Oakland. Vestían su ropa de dormir y había niños recién nacidos.

Hasta entonces mi madre siempre se había quejado de lo exclusivista que era la gente de California, de cómo despreciaban a los que venían del este y se negaban a relacionarse con ellos. Sin embargo, después del terremoto la caridad cristiana ensanchó los corazones. La gente se desprendió de su costra de reserva y prudencia mundanas. La amabilidad y el cariño llevaban a ver en cualquier persona a un niño.

Mi madre y todas nuestras vecinas se dedicaron desde el alba hasta el anochecer a preparar comida caliente y regalaron toda la ropa extra de que disponían. Se entregaron sin reservas, olvidándose del mañana. Mientras duró la emergencia, no hubo nadie que no amara al otro. Todo el mundo era consciente de su propia impotencia frente a una naturaleza que «gemía con dolores de parto». Daban la impresión de estar unidos por la solidaridad cristiana. Lo cual lleva a pensar hasta qué punto la gente es capaz de cuidar de los demás —si quiere— en momentos de dificultad, sin hacer cálculos y movida por la piedad y el amor.

* * *

Después nos trasladamos a Chicago y fue allí donde conocí al primer católico. Por primera vez éramos realmente pobres. Vivíamos en un apartamento de Cottage Grove Avenue, encima de una tienda. No había azotea, ni jardín, ni sensación de espacio. El edificio se extendía manzana abajo, con sus porches traseros y sus patios pavimentados, sin un solo toque de verde. Recuerdo cuánto eché de menos el verdor de los campos durante el largo y caluroso verano. Más allá, a orillas de lago, había un solar vacío hasta el que solía caminar con mi hermana para ponerme a olfatear, extasiada, el cálido y dulce perfume del trébol salvaje y escuchar el soñoliento sonido de los grillos. Pero ese mismo anhelo de belleza provocaba en mí un doloroso placer, pues agudizaba mis sentidos y aumentaba la avidez con que la buscaba. Esa belleza la hallaba en el lago de color gris acero que se extendía al otro lado de las vías del ferrocarril de Illinois. La hallaba en aquella solitaria extensión de trébol. Y hallaba un atisbo de la belleza sobrenatural en la señora Barrett, la madre de Kathryn y de otros seis pequeños, que vivían en el piso de arriba.

Fue la señora Barrett quien me dio el primer empujón hacia el catolicismo. Eran cerca de las diez de la mañana cuando subí a avisar a Kathryn para que bajara a jugar conmigo a la calle. No había nadie ni en el patio ni en la cocina. Todos los platos del desayuno estaban lavados. Aquellos apartamentos eran largos y estrechos como vagones de tren e, imaginando que los niños estarían en el salón, entré y crucé por los dormitorios.

La señora Barrett estaba arrodillada en el dormitorio principal, rezando, y se volvió para decirme que Kathryn y los niños habían ido a la tienda. Luego siguió con sus oraciones. Sentí una cálida explosión de amor hacia ella que nunca olvidaré, un sentimiento de gratitud y de dicha que aún continúa encendiendo mi corazón cuando la recuerdo. La señora Barrett tenía a Dios y en su vida existían la belleza y la felicidad.

Lo que estaba haciendo la señora Barrett me ha acompañado toda la vida. Y por mucho que el problema de la pobreza y la injusticia me llenara de amargura, por muchos gemidos que arrancara de mí la horrible sordidez de la suerte del hombre, a pesar de los años que permanecí aferrada a la filosofía del determinismo económico para explicar el destino de los hombres, aun así había momentos en que, en medio de la miseria y de la lucha de clases, un relámpago de gloria atravesaba la vida. En aquel pequeño y sórdido apartamento, a las diez de la mañana, la señora Barrett, después de fregar los platos, se arrodillaba y oraba a Dios.

En el edificio vivían también los Harrington, una familia de nueve hijos. La mayor tenía doce años. Estaba acostumbrada a trabajar mucho y, naturalmente, su vida sacrificada despertaba en mí una gran admiración. Recuerdo que por entonces también yo anhelaba una vida exigente. Tenía ocho años y, por primera vez, empecé a ayudar a mi madre. Mi familia (que a mí me parecía muy numerosa, a pesar de que solo éramos seis) había tenido que prescindir del servicio, y a mi hermana y a mí nos pidieron que ayudáramos a lavar los platos y a mantener limpia la casa. Recuerdo lo feliz que me hacía implicarme en los asuntos familiares y que se contara con mi ayuda. Me tomaba muy en serio la tarea de lavar los platos y recuerdo cómo frotaba los grifos hasta dejarlos relucientes. Lógicamente, el trabajo me fue pareciendo cada vez más aburrido: no siempre era un juego. Pero había que hacerlo y, pasados seis meses, tenía perfectamente asumido que debía sacar adelante mi parte.

Sin embargo, comparada con la pequeña Mary Harrington, que era mayor que yo, gozaba de una libertad inmensa. Por las tardes ella no podía salir hasta no haber lavado los platos. A veces Mary estaba tan cansada que nos limitábamos a tumbarnos en el patio trasero, al aire libre. Nos quedábamos allí, contemplando la única belleza que la ciudad era capaz de ofrecernos, y charlábamos y soñábamos.

No recuerdo nuestras conversaciones, pero sí que en cierta ocasión me habló de la vida de un santo. No sé de quién se trataba ni guardo en la memoria ningún detalle: solo el sentimiento de noble entusiasmo que me embargó y cómo el deseo de participar en tan alta empresa casi hizo estallar mi corazón. Con frecuencia me viene a la mente un versículo de los salmos: «Estrecha es, Señor, la casa de mi alma, para que vengáis a ella; pues ensanchadla Vos»[1]. Aquella fue una de esas ocasiones en que mi pequeño corazón se ensanchó. Sentí cómo lo ensanchaban el amor y la gratitud hacia un Dios tan bueno por una amistad como la de Mary, por nuestras conversaciones, y me llené de nobles ambiciones de ser santa, de

---

[1] Se equivoca la autora al citar esta frase como versículo de un salmo: en realidad, pertenece al capítulo V de las *Confesiones* de san Agustín.

un anhelo espontáneo, de una apasionada constatación de las posibilidades de la aventura espiritual.

Deseaba también hacer penitencia por mis pecados y los del mundo entero, pues tenía un agudo sentido del pecado, de la imperfección y la mundanidad naturales. A menudo percibía claramente cómo mi conducta era deliberadamente mala, igual que reconocía claramente la verdad cuando me encontraba con ella. Y la entusiasta alegría que conmovía mi corazón una y otra vez al hallar la verdad y la belleza espirituales nunca disminuyó, nunca me abandonó cuando me hice mayor.

Lo triste es que las encontremos con tan poca frecuencia. La bondad natural, la belleza natural proporcionan alegría y elevan el espíritu, pero no son suficientes, no son comparables. Esas emociones especiales a las que me refiero solo se producían cuando escuchaba la palabra de Dios. Era como si, cada vez que oía hablar del Señor, me invadiera un cálido sentimiento de júbilo. Era oír hablar de alguien al que amas y que te ama.

3.
PRIMEROS AÑOS

Cuando echo la vista atrás, tengo la impresión de que mi infancia fue una verdadera infancia, y que seguí conservando mi condición de niña hasta los dieciséis años. Nuestra vida de familia era muy cerrada y sabíamos muy poco del mundo exterior. En aquella época no había radio, de modo que el estrépito de las noticias no inundaba nuestro hogar doce veces al día. Por otra parte, mi padre era muy estricto en cuanto a los libros y las revistas que entraban en casa. Leíamos a Scott, Hugo, Dickens, Stevenson, Cooper y Edgar Allan Poe. Rara vez nos dejaban que lleváramos amigos porque perturbaban la intimidad de mi padre.

Estoy agradecida a mis padres por aquella infancia protegida, una infancia disciplinada con tan escasas distracciones que los libros eran nuestra única vía de escape y nuestra única perspectiva.

Una vez a la semana, los domingos por la tarde, íbamos al cine. Era la época de las películas del Oeste y de las historias de misterio; y, aunque no mostraban nada positivo, tampoco había en ellas nada malo. Mi experiencia del mal provenía de mis compañeros de juegos antes que de los libros o las películas.

Los comentarios de san Agustín sobre la infancia me ayudan a recordar los sentimientos y las acciones de mi juventud más temprana. Recuerdo haber robado a los seis años, no una vez, sino dos, y en ambas ocasiones me descubrieron y me sentí deshonrada y llena de remordimientos. No recuerdo si la causa de esos remordimientos fueron el haber sido descubierta o la opinión de los demás. Pero sí recuerdo cómo me reconcomían, cuántas lágrimas mojaron mi cama, lo desgraciada que me sentía y lo negro que me parecía el mundo bajo el peso de la culpa. No creo que las palabras que san Agustín dejara escritas en sus confesiones sean exageradas.

Mi madre tenía grandes virtudes y un carácter delicioso que la ayudaba a superar cualquier dificultad o incertidumbre. No se permitía inquietarse si las cosas no iban bien o la familia pasaba por apuros económicos. Cuando tenía que hacer la colada de toda la familia, lavar las sábanas, las colchas y demás, después de pasarse el día entero en el lavadero del sótano, solía darse un baño y arreglarse como si fuera a una fiesta.

A la hora de la cena presidía la mesa como una reina, maquillada, perfumada y elegantemente vestida, y todo en honor de nosotros, sus hijos. Hoy sigue siendo una mujer a la que le gusta la gente y que utiliza sus encantos para agradar a los demás. Ama los placeres y las frivolidades de la vida. Pero, cuando la necesidad la privaba de los «buenos tiempos», los creaba ella misma y disfrutaba de las cosas pequeñas. Si estaba baja de ánimo, se iba al centro y se gastaba algún dinero en un sombrero o una blusa nueva de oferta, sin olvidarse nunca de traernos un detalle a cada uno.

Por lo que a mí respecta, fue una infancia feliz a pesar de mis temporadas de inseguridad, e incluso de desesperanza y tristeza, que no hacían sino acentuar unas alegrías cuya existencia era real. Pero sabía también que esa felicidad dependía del temperamento y las inclinaciones, porque con frecuencia, cuando he hablado con mi hermana de los tiempos pasados, ella solo es capaz de recordar su propia infelicidad. Sufrió mucho más que yo. Nunca tuvo un espíritu religioso, nunca experimentó la certeza de la existencia de Dios. Fue testigo de las tragedias de la vida en mucha mayor medida que yo, pues el fallecimiento de una compañera de colegio la llevó a vivir durante mucho tiempo obsesionada por el temor a la muerte. Cuando yo me sentía triste, nunca me asaltó el pensamiento de que alguno de mis seres queridos pudiera morir. Sí me asustaba mi propia muerte, pero la posibilidad de la muerte de mi madre o mi hermano no se me pasó jamás por la cabeza.

A pesar de lo mucho que quería a la gente, nadie me hizo sufrir tanto como a mi hermana. Mi infelicidad tenía sus raíces en mí misma. Al mirar atrás, puedo comprobar que la protección que ejercía mi familia manteniéndonos apartados de los libros, las películas y los periódicos triviales, y de otros contactos con el mundo exterior no fue tan negativa y nos liberó de la agobiante existencia que llevaban los demás. Vivíamos al margen de las vanas distracciones que tanta gente tenía que ofrecernos. Estábamos más solos. En aquella época la enseñanza no era tan intensa. En la escuela dejaban tiempo suficiente para el estudio y hasta que no llegamos al instituto no tuvimos deberes que hacer en casa.

Fueron muchas las horas y las épocas en que mi única ocupación consistía en hacer lo que me venía en gana. Recuerdo las largas, interminables e incluso tristes tardes de domingo o de verano en que no había «nada que hacer». Los amigos estaban fuera, o bien el mal tiempo o la enfermedad nos impedían salir de casa. Entonces nos veíamos obligados a enfrentarnos a nuestros estados de ánimo y a superarlos. Nos veíamos incluso obligados a inventarnos alguna tarea, lo que probablemente fuese buena cosa.

Había veces en que mi hermana y yo nos dedicábamos a las tareas del hogar por puro aburrimiento. Pero esas mañanas en que nos levantábamos con la firme determinación de hacer útiles las horas del día y fregábamos los porches y barríamos las amplias habitaciones, disfrutando por la tarde de un libro o de alguna otra lectura, permanecerán siempre en mi mente. Había tiempo para pensar, y para pensar en cosas fundamentales.

Después de experimentar alguna alegría o de algún triunfo, nunca dejaba de entristecerme la fugacidad de la felicidad humana. Una tarde, poco después de haber obtenido una beca de trescientos dólares y saber que me iría a estudiar a la universidad, recorrí las calles a la caída del sol contemplando las nubes sobre Lincoln Park; el mundo me parecía extraordinariamente hermoso, y aun así experimentaba de algún modo un intenso y pertinaz sentimiento de soledad y tristeza.

Cuando tenía doce años, se presentó en casa un ministro episcopaliano que iba visitando el vecindario en busca de feligreses; al enterarse de que mi madre se había criado en el seno de su iglesia, la convenció para que me enviara a la catequesis de confirmación que acababa de empezar. Yo aún no estaba bautizada, así que aprendí el catecismo al mismo tiempo que me preparaba para la confirmación. No recuerdo que aquellos trámites me afectaran demasiado. Todos los lunes por la tarde iba allí de buena gana porque una de mis compañeras de juegos, que tenía catorce años, también lo hacía. No me caía demasiado bien, aunque venía mucho por casa buscando la compañía de mis hermanos mayores. Era una niña tímida y poco espontánea, y manifestaba un interés precoz por el sexo. Se trataba de una amistad muy poco recomendable, pero los adultos no lo sospechaban, porque era educada y siempre se mostraba respetuosa con ellos.

Los padrinos que eligieron para mí fueron dos feligreses, madre e hijo, a los que no conocía y de cuyos nombres no me acuerdo. En el momento de recibir el bautismo, pasé mucha vergüenza, pues era una muchacha alta y desgarbada, y el hecho de formar parte de un grupo numeroso de confirmandos no me hizo sentir mejor. Ponerme en la fila de la comunión supuso una agonía. Afortunadamente, aquello no había que hacerlo más que en contadas ocasiones al año. Lo que sí me gustaba eran los salmos y los himnos, así como la liturgia de la iglesia. Cuando el coro cantaba el *Te Deum* o el *Benedictus* se me derretía el corazón: para mí eran la pura expresión de la verdad y la belleza, y durante un año o dos no falté nunca al servicio dominical.

Tú, mi hermano pequeño, naciste cuando yo había cumplido los catorce. Los dos años siguientes fueron para mí muy disciplinados. Aunque hasta el momento había gozado de mucha libertad, las energías de nuestra madre ya no eran las mismas y buena parte de tus cuidados recayeron sobre Grace y sobre mí. En aquella época vivíamos en la zona norte de Chicago, cerca de Lincoln Park, en una casa que nos encantaba. Siempre estábamos de traslado: de Nueva York a Berkeley, a Oakland y a Chicago, adonde nos mudamos cuatro veces. Habíamos ido a seis escuelas distintas. Vivíamos en casas con jardín o en pisos, y ninguno de ellos significó nada para nosotros.

Pero aquella casa sí. Las habitaciones eran grandes y en el cuarto de estar, en la primera planta, había unas escaleras que subían al piso superior, donde estaban los dormitorios. El cuarto de estar contaba también con una chimenea flanqueada por dos librerías. El salón, el vestíbulo, el cuarto de estar y las escaleras estaban cubiertos por una moqueta marrón con estampado negro que había que barrer todos los sábados por la mañana. Grace empezaba a barrer en el piso de arriba y luego iba bajando, mientras que yo hacía lo mismo desde la puerta principal hacia atrás. Tardábamos horas. Cuando aún no disponíamos de aspirador, aquel trabajo, escobas en ristre, era agotador. No teníamos electricidad, solo gas. Pero, como nos gustaba la casa, nos gustaba el trabajo. Se trataba de nuestro «hogar».

En medio del cuarto de estar había una mesa redonda con pesados faldones y, alrededor de ella, cuatro o cinco sillas confortables. El centro de la mesa estaba ocupado por una lámpara de gas en tonos verdosos que siempre perdía un poco. Todas las noches nos sentábamos allí mis hermanos, mi madre, Grace y yo, y nos poníamos a leer antes de irnos a la cama. Mientras comíamos sí charlábamos, pero la noche se reservaba siempre para la lectura y no nos permitían hablar ni hacer ruido.

A esas horas mi padre no estaba nunca en casa, pues tenía turno de noche en el *Inter Ocean*. Los demás se acostaban antes que yo, que me quedaba todo el tiempo que quería, y a veces hasta muy tarde. Mamá sabía que yo era consciente de que tenía que levantarme alrededor de los cuatro, en el momento en que tú unías tus primeros gorjeos a los de los pájaros, por lo que dejaba a mi buen juicio el hecho de dormir o no suficiente. Pero a mí me encantaba esa vida estoica y me quedaba levantada hasta después de la medianoche, con una confianza temeraria en mi fortaleza.

Tenía un sitio reservado junto a la chimenea, con una pila de libros a mi lado. Nunca me enfrascaba en uno solo, sino en una docena. Estaba hambrienta de conocimientos y devoraba un libro tras otro. En la escuela estudiaba latín, griego, historia y lengua, y tenía mucho trabajo. Pero por la noche no pensaba en ello: era mi momento de libertad. En el sótano había un barril de manzanas y solíamos subirnos un plato con unas cuantas. Yo siempre pelaba las mías y me las comía con sal sin dejar de leer.

Mi autor favorito era De Quincey, y leí todas las obras de que disponía la biblioteca. También procuraba leer a Spencer, porque en los libros de Jack London encontré abundantes referencias a su obra. Naturalmente, leí todos los escritos de Jack London y de Upton Sinclair, que influyeron poderosamente en mi forma de pensar. Además, leía a Wesley, el Nuevo Testamento y *La imitación de Cristo*, que me proporcionaban mucho consuelo.

¡Con qué gusto me iba a acostar después de aquellas tardías horas dedicadas a la lectura! En las noches de invierno ¡qué frío estaba el dormitorio, que daba a la fachada trasera de la casa, y qué caliente la cama de Grace, quien llevaba varias horas acostada antes de que me metiera yo! Probablemente me dormía antes de acabar de rezar, si es que recitaba alguna oración. En aquellos días me moría de sueño.

Las tardes eran estupendas, aunque con frecuencia estuviera agotada y atontada por la falta de descanso. Aun así, echaba a andar detrás de tu cochecito, contemplando el cambio de las estaciones —verano, otoño, invierno—, disfrutando de la belleza de los árboles y del lago que se transformaban de un día para otro. A veces me acompañaba Grace y nos pasábamos horas hablando de los libros que estábamos leyendo, de lo que queríamos y no podíamos hacer, de todos nuestros deseos y sueños formulados a medias. Pero por lo general ella se quedaba ayudando a nuestra madre y esas horas eran mías, contigo delante de mí, en el cochecito, y las dedicaba a soñar en lo que estaba leyendo y en lo que me esperaba aquella noche.

Cuando mis lecturas me hicieron especialmente consciente de las diferencias de clase, solía abandonar la belleza y la tranquilidad del parque para bajar por North Avenue atravesando los barrios más pobres de la zona oeste, donde contemplaba el desaliño de las mujeres y a los niños greñudos, y pensaba en la pobreza de aquellos hogares en contraste con la riqueza de las orillas del lago. Ya entonces quería hacer algo. Deseaba escribir libros que convencieran a miles y miles de lectores del injusto estado de las cosas. Deseaba trabajar por «una tierra nueva en la que habite la justicia».

Cuando me fui de casa, tú tenías dos años y, a pesar del inmenso cariño que te profesaba, no recuerdo haberte enseñado a rezar ni una sola vez. Fuiste un niño precoz y empezaste a hablar muy pronto, pero yo nunca te mencioné a Dios. Tampoco a nosotros nos habían enseñado a rezar, así que no se me ocurrió hacerlo contigo. Viniendo de una familia agnóstica como la nuestra, probablemente creía que la religión era un asunto privado; que unos tenían fe y otros no la tenían. De hecho, no recuerdo habérmelo planteado demasiado.

En esa época abandoné definitivamente la iglesia episcopaliana. Nuestra madre se había acercado a la ciencia cristiana, quizá en busca de alivio para ella; y, como por entonces yo sufría frecuentes jaquecas, me trataba a mí también. Cruzando la calle vivía un practicista y leí *Ciencia y salud* y otros folletos, y esta nueva revelación me resultó tan convincente como los dogmas de la iglesia episcopaliana.

El pastor de la iglesia donde me había bautizado dos años antes acudió al rescate de mi alma y se quedó hablando conmigo una tarde entera, pero me mantuve firme en mi decisión de no regresar a la iglesia. Me sentía inclinada a ser «libre» y mis lecturas de aquella época me hicieron escéptica. Continuaba creyendo en Dios y leía con regularidad el Nuevo Testamento, pero no me parecía necesario frecuentar la iglesia: después de leer a London y a Sinclair, desconfiaba de todo. Y a partir de entonces dejé de practicar, para inmenso alivio de mi hermana, que protestaba cuando la arrastraba conmigo a los servicios litúrgicos en contra de su voluntad.

4.
UNIVERSIDAD

Tenía dieciséis años cuando me gradué en el instituto y me trasladé a estudiar a la Universidad de Illinois. Era 1914: ese verano había estallado la guerra en Europa. Se hablaba de ella en todo Webster Avenue, donde vivíamos, y causó conmoción entre nuestros vecinos, muchos de los cuales eran alemanes. Pero a mí no me afectó en absoluto. Por muchas convulsiones que la guerra provocara en el mundo, por muchas desgracias y miseria que acarreara a ambas partes, yo me sentía inmensamente feliz. Dejaba mi casa por primera vez. Pasaban cosas. Me iba fuera a estudiar. Me había hecho mayor.

Sin embargo, tras esas primeras semanas de radiante felicidad, sufrí desconsoladamente. Sufría porque me había separado de ti. Era como si me hubieran arrancado a mi propio hijo. Después de instalarme en la Y.W.C.A.[1] y matricularme en las asignaturas correspondientes, después de encontrar un trabajo para ganarme el sustento y hacer durar lo más posible el dinero que tenía en el banco, me sumí en una tristeza sorda y plomiza.

---

[1] La autora se refiere a la residencia de la Asociación Cristiana de Jóvenes.

Por primera vez en mi vida padecí insomnio. Aunque me quedara despierta hasta muy tarde intentando estudiar, luego no conseguía dormirme. Me pasaba las horas en vela, pensando en casa y en ti, y en cómo debías de echarme de menos, tanto como yo a ti. Todo me resultaba frío y muerto. Ansiaba el calor de mi hogar y de los míos, y me sentía totalmente abandonada. Experimentaba tanta nostalgia que era incapaz de comer o dormir, y recorría los caminos pavimentados de aquella pequeña ciudad universitaria con las lágrimas deslizándose por mis mejillas y una pena cuyo peso lastraba mi corazón.

Por suerte, tenía muchas cosas que hacer. Ese primer semestre me costeé mis gastos trabajando para un profesor de lenguas románicas. Aunque desayunaba en la «Y», luego comía en casa del profesor Fitzpatrick con su familia, compuesta por él, su mujer, su madre y tres hijos. Eran fervorosos metodistas y yo solía hablar de religión con la anciana mientras ella lavaba los platos de la comida y preparaba las verduras para la cena.

Pero, por mucho que hablara de religión, no me gustaba la iglesia: cada vez me desagradaban más los himnos cantados y quienes asistían a ella. Me provocaban rechazo. No me gustaban nada y no quería parecerme a ellos. De hecho, empecé a maldecir y a blasfemar, perfectamente consciente de que lo hacía para escandalizar. Yo misma me escandalizaba. Tuve que practicar para habituarme a ello, pero creo que se trataba de un gesto de autoafirmación para apartarme de la religión. En realidad, era un gesto plenamente consciente. Como era infeliz, me endurecí. Como me dolía haberte perdido a ti, mi hijo y mi hermano, tenía que desgajarme de casa y de la religión, y de todas las cosas amables de la vida, y buscar las exigentes. A pesar de los estudios y el trabajo, me quedaba tiempo para leer y me horrorizaba la fealdad de la vida en un mundo que se proclamaba cristiano.

Ahora estaba lejos de casa, vivía a mi manera y debía elegir el mundo del que quería formar parte. Desde luego, no deseaba pertenecer a la Epworth League[2]. De niña me atraían la paz y la felicidad de nuestros vecinos metodistas. Pero, en aquel momento, esa misma felicidad me parecía una engreída indiferencia ante la miseria del mundo, una arrogante seguridad de contarse entre los salvados.

Ese año, estando yo en la Universidad, mi hermano mayor, que me llevaba dos años, empezó a trabajar en *The Day Book*, un pequeño periódico gratuito y novedoso que se publicaba en Chicago y en el que colaboraban el poeta Carl Sandburg y numerosos socialistas. Como era radical, se le consideraba socialista, pero ignoro si lo era políticamente. Aunque tal vez me falle la memoria, creo que se trataba de un experimento de Scripps-Howard o del hijo de uno u otro[3]. No se financiaba con la publicidad de los grandes almacenes, así que gozaba de libertad para criticar sus sueldos y el número de horas y las condiciones de trabajo; mi hermano solía enviarme a diario un ejemplar en el que subrayaba sus artículos.

Así como yo había elegido ir a la universidad, sabía que otras chicas se pasaban toda su juventud trabajando en tiendas y fábricas, para más tarde casarse con hombres esclavizados en esas mismas fábricas.

El eslogan marxista «trabajadores del mundo, uníos; no tenéis nada que perder excepto vuestras cadenas» me parecía un emocionante grito de guerra y representaba para mí una llamada a sentirme parte de las masas y lejos de los burgueses, los engreídos y los conformistas.

---

[2] Asociación de jóvenes metodistas.
[3] La cadena de diarios Scripps-Howard, fundada por Edward Scripps y el editor Roy Howard.

En aquella época me atraían más el romanticismo y la dureza de los relatos de carretera de Jack London que el idealismo de Upton Sinclair, aunque seguía considerando *La jungla* —y la considero ahora también— una gran novela. Pero su novela romántica y realista *El misterio del amor* me gustó tan poco que descarté el resto de su obra. Aún no había escrito sus grandes novelas del mundo obrero, superiores a cualquier otro libro salido de la pluma de London.

También me atraían los escritores rusos y leía cualquier cosa de Dostoievski que cayera en mis manos, así como las novelas de Artzybasheff, Andreiev, Chejov, Turgueniev, Gorki y Tolstoi. Tanto Dostoievski como Tolstoi evitaron que me apartara de la fe. Aun así, me resultaba difícil no sentirme sola: pensaba que mi fe no tenía nada que ver con la de los cristianos que me rodeaban.

Creo que ya estaba perdiéndola cuando un profesor al que admiraba mucho afirmó en clase —nunca lo olvidaré— que la religión había sido un consuelo para mucha gente a lo largo de la historia, por lo que no se merecía ninguna crítica. No recuerdo sus palabras exactas, pero del modo en que hablaba de la religión todos pudimos deducir que los fuertes no necesitaban ese apoyo. Con la arrogancia de la juventud, creyendo que yo formaba parte de los fuertes, pensé por primera vez que la fe era algo que debía arrancar de mi vida sin contemplaciones.

Hace poco he leído una novela revolucionaria, *Pan y vino*, de Ignazio Silone, uno de cuyos pasajes me llamó tanto la atención que lo copié. No guarda consonancia con la doctrina católica y yo no lo suscribo, pero me recuerda cómo me sentía en aquella época.

«Hace muchos años que perdí la fe en Dios», dijo el joven, quien mudó el tono de voz. «Lo que me condujo al movimiento revolucionario fue un impulso religioso; pero, una vez dentro del movimiento, poco a poco mi mente se fue despojando de todo prejuicio religioso. Si aún conservo alguna huella de la religión, ya no supone una ayuda, sino un obstáculo. Tal vez fue la educación religiosa que recibí de niño lo que ha hecho de mí un mal revolucionario, un revolucionario lleno de temores, de dudas y obsesiones. Por otra parte, ¿me habría convertido alguna vez en revolucionario de no ser por ella? ¿Alguna vez me habría tomado la vida en serio?».

El anciano sacerdote sonrió.

«Eso no importa», dijo. «En épocas de guerras conspiratorias y secretas, el Señor se ve obligado a ocultarse y a adoptar seudónimos. Además, y tú lo sabes, no atribuye demasiada importancia a Su nombre. Por otra parte, en Sus primeros mandamientos ordenó no tomar Su nombre en vano. El ideal de justicia que hoy día alienta a las masas ¿no será uno de esos seudónimos que utiliza el Señor para librarse del control de las iglesias y los bancos?

»Existe un antiguo relato que debemos recordar cada vez que dudemos de la existencia de Dios», prosiguió. «Está escrito —quizá lo recuerdes— que, en un momento de inmensa angustia, Elías pidió al Señor que le dejara morir, y el Señor lo llamó a un monte, donde se levantó un viento violento e impetuoso que azotó el monte y destruyó las rocas, pero el Señor no estaba en el viento. Y, tras el viento, un terremoto estremeció la tierra, pero el Señor no estaba en el terremoto. Y, tras el terremoto, se desató el fuego, pero el Señor no estaba en el fuego. Después, en medio del silencio, se oyó una voz suave y pausada, como el susurro de las ramas agitadas por la brisa de la tarde, y está escrito que esa voz suave y pausada era el Señor».

Por entonces, también yo pensaba que la religión supondría únicamente un obstáculo para mi trabajo. No quería tener nada que ver con la religión de las personas que veía a mi alrededor. Creía que debía apartarme de ellas como de una droga. Pensaba que la religión era el opio del pueblo y por eso endurecí mi corazón.

Fue un proceso consciente y deliberado en el que colaboraron mis lecturas. Un proceso que necesitaba cataclismos, vientos impetuosos, el silencio de las cumbres montañosas, que me permitieran escuchar en mi vida la suave y pausada voz de Dios. Pero mi vida comenzaba a estar repleta de nuevas impresiones y emociones, ocupada y desbordada por ellas.

Durante los cinco primeros meses que pasé en la Universidad de Illinois, mi trabajo me impidió relacionarme con otros estudiantes. Ansiaba poseer tantos libros como el dinero fuese capaz de comprar e invertía todas mis horas libres en ganarlo. Además de trabajar para subsistir, acepté trabajos de dos horas lavando y planchando ropa, y cuidando niños. Esta última tarea era muy cómoda, pues me permitía muchas horas de lectura por las noches.

Creo que no dedicaba demasiado tiempo al estudio. Me había matriculado en historia, biología, latín y lengua inglesa, pero ninguna de ellas guardaba relación con la vida tal y como yo la veía. Ni siquiera la historia me enseñó a estudiar los acontecimientos del pasado en relación con los de entonces, de modo que pudiera dar forma al presente para configurar el futuro. La biología no me interesaba, así que no me preocupaba asistir o no a clase. En el instituto disfrutaba enormemente leyendo a Virgilio y estaba tan enamorada de sus versos que pasé de la *Eneida* a las *Églogas* y a las *Bucólicas*, y las leía en casa por puro placer. Pero en la Universidad perdí todo interés por el latín. Lo único que me atraía de verdad eran las lecturas que yo misma seleccionaba y, naturalmente, escribir.

No habían pasado dos años cuando se me acabaron las reservas y me encontré muchas veces sin trabajo y sin ingresos. Con el fin de disponer de más tiempo para leer y escribir, alquilé una habitación en casa de un profesor con cinco hijos que vivía prácticamente en la miseria. No comía con ellos —apenas tenían suficiente para mantenerse— y me costeaba el alquiler haciendo la colada de toda la familia los sábados. Solía acabar con los nudillos en carne viva frotando la ropa del bebé y, después de pasarme todo el sábado inclinada sobre el lavadero y la tabla de planchar, me dolía la espalda durante días. Así tenía el alquiler asegurado, pero para subsistir necesitaba trabajar al menos dos horas al día por cuarenta centavos. Me habrían bastado cuarenta centavos diarios para comer si hacía la compra yo misma y cocinaba en un hornillo de aceite con un solo quemador. Pero mi actitud crítica hacia la «Y», que controlaba la oficina de empleo, y mi descreimiento me impedían acceder a muchos trabajos. Por otra parte, la escritura me absorbía cada vez más y dejaba correr los días sin trabajar, por lo que pasaba hambre.

Llevaba una vida muy indolente; por primera vez hacía lo que me apetecía, asistía únicamente a las clases que quería, y salía y volvía por la noche a la hora que me parecía conveniente. Estaba embriagada de libertad: pensaba que merecía la pena pasar hambre a cambio.

Conseguí trabajo escribiendo para algún espacio del periódico local y de vez en cuando aparecía algún artículo mío. Muchos cuestionaban el orden establecido y no se publicaban. Algunos de los que se limitaban a criticar las condiciones laborales de los alumnos sí aparecieron impresos, lo que me acarreó más de un problema. Creo que no estaba muy bien vista.

Me había unido a un pequeño grupo de escritores y el primer tema que escogí fue el de la experiencia del hambre. Con ello no pretendía ganarme la compasión de nadie. Me producía una lúgubre satisfacción verme obligada a pagar el precio de mi inconformismo y disfruté relatando aquellos tres días sin otro alimento que unos cacahuetes con sal. Me enteré de varios trabajos disponibles: uno de ellos con una familia de contrabandistas de Urbana, una ciudad vecina, para hacerse cargo de una chillona caterva de niños, que me habría proporcionado lo suficente para comer. Pero, después de pasar una semana allí, la sórdida monotonía de los alrededores, unos niños que no me atraían nada y el carácter antipático de mi patrono me desagradaron tanto que me fui y alquilé la habitación en casa del profesor.

La habitación estaba desnuda y no tenía alfombra. Había una cama, una mesa, una silla y el pequeño hornillo en el que cocinaba la comida de que disponía. Los libros se apilaban en el suelo. Hacía tanto frío que por la noche resultaba difícil estudiar. Ni siquiera metida en la cama conseguía entrar en calor. Los ululantes vientos de la pradera se colaban dentro de la casa y las copiosas nevadas y el aguanieve azotaban las ventanas. Por la tarde tenía la posibilidad de estudiar en la biblioteca de la universidad. Cuando regresaba a mi habitación, me acostaba enseguida y, si tenía hambre y frío, me costaba mucho levantarme por las mañanas. De no ser por las clases de lengua inglesa, que me encantaban, no habría asistido a ninguna ni me habría levantado de la cama durante días. Tenía diecisiete años y me sentía completamente sola en el mundo, separada de mi familia, de toda seguridad, e incluso de Dios. Experimentaba un sentimiento de temeraria arrogancia y, unida a esa temeridad, una sensación de peligro con la que disfrutaba. Me gustaba vivir peligrosamente.

No había nadie que guiara mis pasos por el camino del Espíritu y todo lo que leía me alejaba de él. La llamada a mi juventud era la de Kropotkin: mi corazón se sentía atraído por la belleza de su prosa, la nobleza de sus expresiones. Así apelaba Kropotkin a los jóvenes:

> Si en vez de repetir lo que se os ha enseñado razonáis; si analizáis la ley y apartáis de ella esas nebulosas ficciones con que se la ha envuelto a fin de ocultar su verdadero origen, que es el derecho del más fuerte, y su fondo, que ha sido siempre la

consagración de todas las tiranías que pesan sobre el género humano a través de su larga y sangrienta historia; cuando hayáis comprendido esto, sentiréis un profundo desprecio por la ley y sentiréis aversión sin tasa contra esa monstruosidad que os coloca diariamente en oposición con la conciencia. Y como esa lucha no puede ser eterna, o tendréis que subordinaros a ser un miserable, o romperéis con la abominable tradición y vendréis a nuestro lado a trabajar por la completa destrucción de esta injusticia económica, social y política; entonces seréis socialistas revolucionarios [...]

O capituláis con vuestra conciencia y decís al fin: «Perezca la humanidad con tal de que yo pueda gozar por completo muchos placeres, toda vez que la gente es bastante necia para permitírmelo», o una vez más se os presentará la inevitable alternativa de colaborar con los revolucionarios y trabajar con ellos en la completa transformación de la sociedad. Tal es la irrefragable consecuencia del análisis que acabamos de hacer: esta es la lógica conclusión a que todo hombre inteligente ha de llegar sin remedio, con tal de que razone con lealtad sobre lo que pasa a su alrededor, descartando los sofismas que su educación privilegiada y el interés de los que le rodean han deslizado en sus oídos.

Llegado a esta conclusión, la pregunta ¿qué ha de hacerse? se presenta naturalmente; la contestación es fácil: dejad el medio en que estáis colocados y en el cual es moda decir que el pueblo no es más que un puñado de brutos; venid a mezclaros con ese pueblo y la contestación surgirá por sí sola.

Este era Kropotkin y en aquella época yo lo tenía, a su manera, por un santo.

Todo lo que había leído en mi infancia sobre los santos me entusiasmaba. En ellos descubría la nobleza de dar la vida por los enfermos, los lisiados, los leprosos. Me conmovía la labor de los sacerdotes y las monjas de todo el mundo, capaces de trabajar por los más pequeños de Cristo. ¿Quién podía oír hablar del padre Damián —y Stevenson se había encargado de que el mundo entero supiera de él— sin sentir el impulso de dar gracias a Dios por haber creado a un hombre tan noble?

Pero en mi mente se gestaba otra idea. ¿Por qué se hacía tanto por remediar el mal y no por anticiparse y evitarlo? Existían guarderías para los niños, por ejemplo, pero ¿por qué no ganaban los padres lo suficiente para mantener a sus familias, de modo que las madres no se vieran obligadas a trabajar? Existían hospitales que se ocupaban de los enfermos y los débiles y, por supuesto, los médicos ponían todos los medios para prevenir la enfermedad, pero ¿qué ocurría con las enfermedades laborales y con las causadas por la deficiente alimentación de madres y niños? ¿Y qué ocurría con los obreros inválidos que, en lugar de una pensión, tan solo recibían caridad durante el resto de sus vidas?

Los inválidos, los que no tenían brazos o piernas, los ciegos, los tuberculosos, los que carecían de fuerzas y a quienes la industrialización había despojado de su humanidad; los agricultores consumidos y agobiados por las deudas; las madres que cargaban con el peso de los hijos pegados a las faldas, en brazos o en su seno, y los niños enfermos, raquíticos y desdentados: yo sentía la llamada de toda esa interminable procesión de gente desesperada. ¿Dónde estaban los santos para intentar transformar el orden social, no para asistir a los esclavos, sino para acabar con la esclavitud?

San Pedro decía: «Criados: estad sujetos con todo respeto a vuestros amos, no solo a los buenos e indulgentes, sino también a los déspotas» (1P 2, 18). Y los socialistas decían: «Obreros del mundo, uníos; no tenéis nada que perder excepto vuestras cadenas».

«Bienaventurados los mansos», dice el Señor. Pero, cuando pensaba en tanta injusticia, me sentía incapaz de ser mansa. Quería un Señor que expulsara a los cambistas del templo y ayudar a quienes alzaban la mano en contra de la opresión.

La religión, tal y como la practicaban quienes tenía a mi alrededor (la mayoría de los cuales se mostraban indiferentes), carecía de vitalidad. No guardaba ninguna relación con la vida diaria: se reducía a rezar los domingos. Cristo había dejado de caminar por las calles de este mundo, llevaba muerto dos mil años y su puesto lo habían ocupado nuevos profetas.

Yo estaba enamorada de las masas. No recuerdo que fuese un amor enunciado o razonado, pero encendía mi corazón y lo colmaba. Eran los pobres y los oprimidos quienes se sublevarían: ellos eran colectivamente el nuevo Mesías que redimiría a los cautivos perseguidos, azotados, encarcelados y crucificados, no solo en todo el mundo, sino muy cerca de mí, en los Estados Unidos.

El I.W.W.[4], con Bill Haywood, Elizabeth Gurley Flynn, Arturo Giovannetti y Carlo Tresca, se hallaba extendido por todo el Oeste. Y ahí estaban también los mártires de Haymarket[5], procesados durante un juicio «amañado» y condenados a muerte en Chicago. Fueron mártires. Murieron por una causa. Hasta el juez Gary lo reconoció así. En su alegato ante el jurado declaró: «La condena no se deriva de su participación directa en este hecho concreto, sino que tiene su causa en que, con sus palabras y su espíritu, aconsejaron de manera generalizada cometer asesinato a amplios grupos de personas —no a individuos particulares, sino a amplios grupos de ellos—... y, como consecuencia de ese consejo e influido por él, un desconocido lanzó la bomba». Según Lucy Parsons, viuda de uno de los mártires, quien unos años despué

---

[4] Industrial Workers of the World (Trabajadores Industriales del Mundo), un sindicato revolucionario fundado en Estados Unidos en 1905.

[5] Durante la revuelta de Haymarket (1886) se produjeron en Chicago violentos enfrentamientos entre la policía y los sindicalistas que reivindicaban la jornada laboral de ocho horas. Tres de sus máximos responsables fueron encarcelados y otros cinco condenados a la horca.

redactó una amarga carta dirigida a un periódico obrero, dicha instigación consistió en llamar a los trabajadores a organizarse para pedir la jornada de ocho horas.

En el pasado estuvieron también los llamados Molly Maguires[6] en las minas de carbón, y los Caballeros del Trabajo[7], que reclamaban la jornada laboral de ocho horas y un sistema de cooperativas. Y aquellas mujeres desconocidas de Nueva Inglaterra que dirigieron las primeras huelgas para liberar a las mujeres y los niños de las fábricas de algodón hacían vibrar mi corazón.

Visto mi interés por el tema, mi madre me contó que de niña había trabajado en una fábrica de camisas de Poughkeepsie. No veía nada romántico ni interesante en aquellos escasos y duros años de su vida hasta que los contempló a través de mis ojos. En realidad, para ella se trataba de uno de esos episodios que merecen ser desterrados de la memoria.

En aquel año 1915 se dieron grandes pasos. En algunos lugares se habían logrado aumentos salariales y la jornada de diez horas. Pero por el momento solo estaba organizado cerca de un 8% de los trabajadores y la gran masa obrera del país vivía aplastada bajo la pobreza y la inseguridad. ¡Cuánto trabajo quedaba por hacer!

En Urbana había un pequeño grupo de socialistas y me uní a él, pero sus reuniones eran aburridas y solo asistí a unas pocas. En cuanto pude abandonar la universidad, fui en busca de horizontes más amplios.

---

[6] Organización clandestina de mineros implantada en Estados Unidos por los inmigrantes irlandeses entre 1860 y 1870.

[7] Organización obrera fundada en Estados Unidos en 1869, formada principalmente por obreros no cualificados.

5.
RAYNA PROHME

En el libro que te di a leer este invierno, *Personal History*, de Vincent Sheean, hay un capítulo titulado «Revolución». Buena parte de él está dedicado a la historia de Rayna Prohme, un personaje fascinante para cualquiera que haya leído el libro. De todas las personas sobre las que escribe Sheean, ella destaca nítidamente por su belleza y su excepcionalidad, por ese carácter suyo con el que uno solo se encuentra una vez en la vida. Tú la conociste, aunque no te acuerdes de ella. Durante las primeras vacaciones de verano la llevé a casa para presentársela a la familia, pero entonces solo tenías tres años.

La vi por primera vez en septiembre, cuando me dirigía en tren a la universidad. Es la única persona que recuerdo de aquel tren abarrotado de estudiantes que volvían de las vacaciones. Estaba de pie y parecía una lengua de fuego, con su cabello rojizo, sus ojos castaños y su rostro lleno de vida. Su mirada era alegre y transparente: la mirada de una persona honesta y sincera. Tenía dos o tres años más que yo e iba a empezar segundo. No la volví a ver hasta finales de año.

Creo que su padre había sido presidente de la Cámara de Comercio de Chicago y su familia gozaba de una buena posición económica. En el instituto se enamoró de un joven judío de Chrystie Street, en el East Side neoyorquino, quien vivía con unos parientes en Chicago. Ella también era judía y la familia se opuso al matrimonio debido a la juventud de Rayna y los escasos recursos del joven. Pero Rayna se negó a separarse de él y se trasladó a estudiar a la universidad estatal para mantenerse alejada de su familia.

A pesar de su brillante expediente académico, de su destacada personalidad, de su atractivo y su posición económica, nadie la invitó a formar parte de ninguna hermandad y vivía en una pensión a las afueras del campus, junto con otras chicas judías como ella. Fue mi primer encuentro con el antisemitismo.

Los únicos beneficios que me aportaron aquellos dos años de universidad fueron mi amistad con Rayna y mi sensación de absoluta independencia. Nos conocimos en la misma época en que yo pasaba hambre y me estaba volviendo cada vez más impopular.

El club de escritores al que me incorporé no lo componían más de una docena de personas, y Rayna y Raph, el joven con el que se hallaba comprometida, habían estado analizando los relatos que se publicaban en la revista de la universidad cuando se encontraron con el mío. Recordarás que se trataba del relato sobre mi experiencia del hambre. A Rayna le entusiasmó y enseguida tuvimos la sensación de que nos conocíamos desde siempre. La primera noche que coincidimos nos fuimos los tres a un restaurante y nos pasamos horas sentados alrededor de un café. Aunque Rayna no escribía, Raph sí lo hacía y ella era un crítico implacable.

No sé cuáles eran sus ambiciones por entonces, si es que tenía alguna. Estaba enamorada y veía el mundo a través de los ojos de Raph. O más bien ella se dedicaba al estudio y a la reflexión, e intentaba dirigir la forma de pensar de él. Todo lo que hacía lo hacía por Raph y volcaba sobre él su ardiente amor y la riqueza de su mente y de su corazón. En la actualidad Raph escribe obras de teatro para Broadway y posee un yate y un apartamento en un ático. Pero eso no era lo que Rayna quería para él: ella estaba ávida de conocimientos y de belleza, y deseaba que fuera un novelista importante que enriqueciera las reservas de belleza de este mundo.

Por entonces Rayna no sentía excesivo interés por el problema social, ni lo sintió durante muchos años. Si nos atenemos al relato recogido en *Personal History*, resulta interesante tener una imagen de ella tal y como era cuando yo la conocí.

La alegría y la felicidad de aquellos días aún siguen acompañándome. Dábamos largos paseos por el campo. Íbamos de picnic con nuestros libros y el gramófono y escuchábamos alguna sinfonía de Beethoven bajo un cielo infinito, mientras el aroma del trébol llenaba el aire y las alondras rompían el sereno silencio con su canto. Hoy sus restos descansan en una urna en Moscú y solo yo rezo por su alma, porque soy la única persona que conoció que cree en la resurrección de la carne y la vida eterna.

Rayna solía tomarse a broma mi afinidad con el socialismo. Pensaba que no era objetiva y que veía la vida desde un solo ángulo. Como criatura emocional que era, consideraba mi interés por el tema demasiado sentimental y sin una base sólida de conocimientos, por lo que me animaba con frecuencia a estudiar filosofía y psicología. Pero a mí me interesaban los hechos, no la especulación. Rayna insistió en que me fuera a vivir con ella.

¿Recuerdas *David Copperfield* y lo agradecido que te sentías a la tía Betsy por hacerse cargo de David y proporcionarle techo y alimento? El mismo agradecimiento deberías sentir hacia Rayna. Por entonces mi vida era muy dura. Llevaba mucho tiempo sin comer ni dormir y me había vuelto masoquista. Disfrutaba sufriendo y, aunque lo hacía en defensa propia, obtenía de ello un morboso placer. Desarrollé una actitud conscientemente trágica para evitar acabar destruida. Me mostraba rebelde para no verme derrotada o atemorizada por la vida.

De haber sido conformista, podría haber logrado un trabajo cómodo, como el de empleada en una oficina: trabajos pulcros y ordenados. Si hubiera sido tan buena estudiante como en el instituto, las cosas me habrían resultado más fáciles. Una conocida mía se colocó como profesora después de haber acabado su segundo año de universidad. Yo era consciente de que podía labrarme un futuro más seguro, pero no era eso lo que quería. No se trataba de ser obstinada y rebelde porque sí: pensaba que había elegido un camino diferente y, puesto que era una elección deliberada, no tenía derecho a considerar mi pobreza o mis privaciones más que como el fruto de la misma.

Aun así, lo pasaba mal, y Rayna me tomó bajo su protección. Me pagaba la habitación con el dinero de su propia asignación. Su familia insistía en que todos los días se tomara cuarto de litro de nata, porque era una criatura frágil y su rebosante vitalidad nacía solo de su espíritu. Rayna me obligaba a compartir con ella esa nata para hacerme engordar un poco. Comíamos juntas en la residencia o bien en algún restaurante. Lo suyo era mío y nos queríamos mucho.

Apenas me acuerdo de lo que leíamos o de qué hablábamos. Recuerdo que Rose Pastor Stokes acudió a pronunciar una conferencia y que Rayna y Raph, que trabajaban en el periódico de la universidad, la entrevistaron. Recuerdo las discusiones sobre qué partes de la intervención de Stokes publicar y los problemas que supondría reproducirla entera. Raph y el director se inclinaban por no publicarla íntegra, por mucho que coincidieran con lo que Stokes tenía que decir sobre el capitalismo y el control de la natalidad, un «sistema» que, según ella, solo se defendía para mantener oprimidos a los trabajadores y disponer de más carne de cañón.

Nos fascinaba Stokes. Al igual que Raph, provenía del East Side y estaba empleada en una fábrica cuando, unos años atrás, en el transcurso de una huelga, conoció a un millonario en Nueva York y se casó con él. Tanto su romántica vida como su carácter enérgico nos parecían apasionantes.

Ninguno de nosotros mantenía contactos con el catolicismo, de modo que ignorábamos cualquier argumento en contra del control de la natalidad.

Conocimos a otros socialistas prominentes que pronunciaron conferencias en la universidad, como Scott Nearing o John Masefield, que habló con su voz titubeante, y leímos todos sus poemas. Se acababa de publicar *Spoon River Anthology* y todo el mundo imitaba la poesía de Edgar Lee Masters. Otros de nuestros poetas favoritos eran Vachel Lindsay y Carl Sandburg.

Algunos de esos domingos en que salíamos de picnic nos llevábamos libros de poesía y Rayna los leía en voz alta. Raph y yo la queríamos tanto que ella misma nos parecía poesía. No todas nuestras conversaciones giraban en torno al mundo de las ideas. Rayna y yo éramos mujeres y nos encantaba la ropa. Yo tenía un traje y dos blusas, y un vestido de crepé de seda tan encogido de lavarlo que no me lo podía poner. La ropa de Rayna era muy bonita y ella solía insistir (y no tenía que hacerlo mucho) en prestarme ropa cuando íbamos por las noches al International Club. Yo «salía» con un español cuyo nombre ni siquiera recuerdo. Pero me gustaba mucho más Raph, a quien miraba con los ojos de Rayna.

Más tarde, cuando me trasladé a Chicago, solo vi de vez en cuando a Rayna, que estaba estudiando allí el posgrado mientras yo trabajaba en el turno de noche de una imprenta.

Cuando acabé la universidad, vino a Nueva York y pasó un verano conmigo. Ella y Ralph habían comprendido que lo suyo no era más que un amor adolescente y tomaron caminos separados: él para trabajar en Broadway y Rayna para regresar a la vida académica. Yo opinaba que ella se estaba enterrando en vida y Rayna que yo estaba tirando mi vida por la borda. De hecho, se pasó años estudiando antes de conocer al comunista que se convertiría más tarde en su marido.

En el retrato que Vincent Sheean hace de ella resalta muchas de sus cualidades. Habla de los días y las noches que pasaron conversando en Wuhan —donde la conoció— y en Moscú. Entonces Rayna trabajaba en la redacción de un periódico comunista y debía de tener unos veintisiete años.

Años después, al enterarme de su muerte, pensé que el hecho de que nos separáramos y ella saliera de mi vida fue algo positivo. Precisamente cuando yo me volvía al catolicismo, Rayna se unía al comunismo en China, donde trabajó con Borodín[1] y con la esposa de Sun Yat-sen, a quien acompañaría en su huida una vez que el régimen comunista de Hankou fue derribado.

Sheean resalta su valentía y su coraje de espíritu y la fortaleza que conservó hasta su muerte. Desde luego, Rayna no carecía de imaginación, por lo que debió sufrir mucho pensando en lo que podría haberles ocurrido a ella y al resto de los comunistas con los que colaboraba de no haber logrado escapar. Ojalá conociera con más detalle aquella huida de la ciudad conquistada, pues Sheean no nos ofrece más que unas pinceladas.

Ambos volvieron a encontrarse en Moscú y no es de extrañar que por entonces Rayna estuviera a punto de iniciar en el

---

[1] Mijaíl Borodín (1884-1953), diplomático ruso bolchevique que trabajó en China como asesor del líder revolucionario chino Sun Yat-sen.

Instituto Lenin su formación con vistas a convertirse en una propagandista de alcance mundial. A las pocas semanas de su reencuentro, Rayna sufrió un ataque y falleció de una hemorragia cerebral. La historia de sus últimos días y el relato de su funeral Rojo y del recorrido de la comitiva hasta el crematorio bajo la lluvia son desgarradores.

Aunque tú has leído el libro, te cuento esto porque Sheean destaca dos rasgos sobresalientes de su carácter, que me impresionaron tanto que soy incapaz de olvidarlos. Uno de ellos era su alegría; el otro, su amor a la verdad. Cuando se conocieron, Rayna conservaba ambas cualidades. Él comenta con afecto cuánto solían reírse juntos de las incoherencias e incongruencias de su entorno. En ella era el entusiasmo lo que provocaba su risa espontánea.

Al hilo de esto, me viene a la memoria lo que siempre me hacía reír a mí. El sonido de un preludio de Bach tocado en el órgano de la universidad mientras jugábamos al hockey en el campo situado a espaldas del gran auditorio; los gorjeos de un niño; ver brincar a los delfines en el agua desde el barco que me llevaba a Florida: estas son las cosas que recuerdo que me hacían sentirme tan feliz que tenía necesidad de reír para desahogar mi corazón de tanta felicidad, para hacer expresión de ella.

Rayna era alegre porque sabía ver siempre lo que tiene la vida de noble y hermoso, y eso la hacía feliz. Y ahora comprendo que su conversión al comunismo alimentara aún más esa forma de ser.

La otra característica en la que hace hincapié Sheean es su amor a la verdad, y estoy convencida de que ese amor, de haber vivido más, la habría obligado a abandonar el Partido Comunista. Sheean cuenta que, cuando la entrevistó, Rayna manifestó cuánto le desagradaban las «mentiras» que la propaganda comunista hacía necesarias, y le comentó que, si no podía decir la verdad, prefería guardar silencio. No creo que fuera una propagandista demasiado buena por muchos años que pasara en el Instituto Lenin. Lo que me gustaría destacar es lo positivo de sus virtudes, que eran virtudes naturales.

La mayoría de los jóvenes consideran la virtud en términos negativos. Piensan que, por el mero hecho de evitar el pecado, ya son buenos; creen que la pureza es la ausencia de impureza: no cometer pecados que han tenido la oportunidad de cometer. No obstante, deberíamos pensar en la pureza como una espléndida virtud positiva —y no como algo negativo—; como algo que se hace notar y que destaca por su brillo.

El Antiguo Testamento hace hincapié en el «no harás»; el Nuevo Testamento resalta la virtud positiva del amor, que abarca todas las demás.

¿No te has encontrado nunca, a lo largo de tu vida, con personas que despuntan porque brilla en ellas alguna virtud predominante? Yo recuerdo a gente cuya bondad resplandece como un adorno positivo que atrae a los demás y los llena de nostalgia. Las cosas nos serían más fáciles si hubiera más personas que nos inspiraran de ese modo.

La verdad de Rayna sobresalía como una virtud positiva. Era sincera, pura y amable, pero lo que más brillaba en ella eran su alegría y su franqueza.

A mis lectores católicos puede que les sorprenda esta valoración tan favorable de alguien que no creía en Cristo. A ellos debo recordarles que, a pesar de vivir en Estados Unidos, una nación que se autoproclama cristiana, los cristianos que Rayna conoció no la animaron —ni con sus obras ni con sus palabras— a creer en el camino de la Cruz, en Cristo glorificado.

En la escuela ninguna de sus lecturas abstrusas y filosóficas la guió hasta la verdad. Y ella estaba hambrienta de verdad, amaba la verdad y, aunque la buscó mientras estudiaba en la Universidad de Illinois, nunca llegó a encontrarla. Creyó haberla hallado en el comunismo, pero murió poco tiempo después. ¿Y quién sabe si no la encontró en el momento de su muerte? No hay nadie que pueda decirlo. Pero ella la buscaba.

Pensé en Rayna y en lo que la atrajo del comunismo al leer estas palabras de Maritain:

> Los comunistas rusos han apreciado claramente estas verdades (la necesidad de reavivar las ideas morales que rigen la vida del cuerpo social en cuanto tal). Incluso han dado forma a su partido como una especie de fraternidad con una disciplina rigurosa y precisa, y se han esforzado todo lo posible en renovar a su manera las bases morales de la vida de todas las personas, de forma que lo que dota a su revolución materialista y atea de un poder más intenso para atraer las almas de los hombres... es una llamada espiritual indestructible (inconfesa, ya que no coincide con la tabla de valores marxista) a la justicia, y a los pobres, a la fortaleza en el sufrimiento.

Siempre he creído que Rayna poseía esas reservas de «energía espiritual» de la que habla Maritain. «Hay que señalar», escribe, «que las reservas de energía espiritual que se encuentran en la naturaleza humana pueden liberarse mediante la predicación, el ejemplo y la puesta en acción en los corazones de muchas personas sin otro sentido de lo espiritual que el que puedan encontrar en la experiencia concreta de la lucha por la justicia en la tierra...».

«De la idea de catolicidad se desprende que cualquier hombre justo que no pertenezca a una denominación cristiana pertenece a la unidad invisible de la Iglesia y solo sobre esa base tiene derecho a la salvación...».

Estas palabras son un consuelo para mi corazón cuando pienso en Rayna, porque lo que no cabe negar es que amó la verdad y la justicia.

6.
NUEVA YORK

En junio de 1916 abandoné para siempre la Universidad de Illinois. Había pasado allí dos años y, a día de hoy, no tengo ni la menor idea de qué fue lo que aprendí en sus aulas. Todos mis conocimientos procedían de fuera.

Mi familia se estaba mudando otra vez a Nueva York, donde habíamos nacido todos excepto mi hermano pequeño; llevábamos diez años fuera de la ciudad. A mí me faltaban pocos meses para cumplir los dieciocho. Me quedé a vivir con ellos mientras buscaba trabajo, pero ese otoño, en cuanto conseguí un empleo en el *New York Call*, el periódico socialista, me puse a buscar una habitación en el East Side.

Si hasta entonces mi vida había estado presidida por un concepto mesiánico de las masas, en aquel momento me invadió un sentimiento morboso de piedad hacia los habitantes de los suburbios. Me pasé todo el verano deprimida, caminando por las calles de Nueva York mientras intentaba decidir qué hacer y dónde alojarme.

Por encima de todo, me sentía insoportablemente sola. No es que hubiese querido seguir en la universidad, pero echaba de menos a mis compañeros y mi amistad con Rayna Prohme. Fue mi primera amiga de verdad y el último año lo habíamos compartido todo. Ahora me encontraba sola. No tenía a nadie con quien hablar, nadie con quien pasear y arreglar el mundo. Había madurado lejos de mi familia y, después del bullicioso gentío de la universidad, Nueva York me parecía un inmenso desierto.

Durante semanas se abatió sobre mí el peso de la miseria de la existencia humana. La gente que veía en el metro, abarrotando los restaurantes, caminando por las calles, sentada en los bancos de los parques o buscando trabajo, me parecía desgraciada y privada de esperanza. El calor asfixiante de la ciudad resultaba insoportable. Los días transcurrían sin poder hablar con nadie. Recorría sola las calles y la fealdad de lo que contemplaban mis ojos fundía mi corazón en lágrimas. Solo podía pensar que los que se cruzaban conmigo eran tan infelices como yo.

En el metro me parecía estar encerrada, cazada en una trampa. Cuando atravesaba las estrechas calles del Nueva York proletario, flanqueadas de bloques de apartamentos, me sentía prisionera y pensaba que nunca volvería a ser feliz o a sentirme libre. Aquel año fue caluroso y los niños dormían en las escaleras de incendios o en los tejados, mientras los hombres y las mujeres pasaban la noche sentados al raso. La gente vivía en la calle y el olor nauseabundo de la basura en descomposición, el fétido olor de los oscuros portales de los edificios me ponían enferma. «Donde la juventud, flaca y pálida, muere», pensaba, recordando un poema que Rayna y yo leíamos juntas, «donde, solo al pensar, nos llenan la tristeza y esas desesperanzas con párpados de plomo»[1].

---

[1] Del poema de John Keats *Oda a un ruiseñor.*

En cuanto empecé a trabajar en *The Call,* me puse a recorrer Pearl Street —donde estaba el periódico— y Cherry Street, subiendo y bajando las escaleras de los bloques en busca de anuncios de habitaciones amuebladas. No había demasiada oferta, porque los edificios eran pequeños y algunos pisos solo tenían dos habitaciones. Atravesaba los patios traseros, encerrados entre los altos muros de los almacenes y las fábricas, o de otros edificios de viviendas: en muchos de ellos estaban alojados los retretes.

Cherry Street no es una calle de casas de huéspedes, sino de «viviendas familiares», donde las tiendas son propiedad de sirios, italianos, griegos y judíos. La casa en la que finalmente encontré habitación pertenecía a una familia judía.

En los portales, oscuros y malolientes, el suelo era de baldosas y solía estar cubierto de un fango de basura. Se accedía a los apartamentos por dos puertas que daban a la fachada y, al fondo de los lóbregos portales, otras dos puertas comunicaban con los apartamentos de la fachada trasera. En los cinco tramos de escaleras había ventanas abiertas a los estrechos callejones que separaban unos edificios de otros. El apartamento donde encontré alojamiento estaba en un cuarto piso y daba a la fachada delantera. Era de tres habitaciones y solo la principal contaba con una ventana con vistas a la calle.

La habitación principal se usaba de comedor, dormitorio y cuarto de estar, y habían instalado camas plegables hasta en la cocina. Yo disponía de un cuarto individual con una pequeña placa de gas que compré para prepararme el desayuno. No cabían más que una cama, cubierta con un edredón enorme, una mesa y una silla. La habitación tenía dos puertas: por una se accedía a la cocina y por la otra al vestíbulo. La única ventana daba a un patio interior, pero como encima de nosotros solo había una planta más, el cuarto tenía luz: tumbada en la cama podía ver un pedacito de cielo.

En las otras dos habitaciones vivían un sastre, su mujer y sus cuatro hijos: la mía me costaba cinco dólares mensuales, y ellos debían de pagar en total unos diez dólares de alquiler. No había electricidad, ni cuarto de baño, ni agua caliente, pero tanto los padres como los niños iban siempre limpios y utilizaban las duchas públicas instaladas a la vuelta de la esquina. La casa nunca estaba sucia y olía a pan horneado.

El edificio era uno más de los miles que poblaban la ciudad. Aunque hacía veinticinco años que las leyes los habían declarado inhabitables, aún continuaban en pie: a sus propietarios les importaban muy poco las míseras condiciones de sus ocupantes.

Las escaleras de incendios estaban anticuadas y las ventanas eran demasiado pequeñas. Las puertas, el vestíbulo y las escaleras eran de madera, y todos los inviernos se declaraban incendios en los que perdían la vida hombres, mujeres y niños. No existía calefacción central y cada familia debía calentar su propia casa. Aquellas en las que el padre tenía trabajo utilizaban carbón; en las otras, los niños más pequeños bajaban al río a recoger madera con que alimentar el fuego.

Había familias que dejaban encendidos los hornos de gas unas cuantas horas, o bien se limitaban a confiar en que el calor que desprendía la cocina caldeara la casa. Algunos edificios grandes remodelados contaban incluso con agua caliente, pero no con calefacción. Yo viví una temporada en uno de ellos y los vecinos de la puerta de al lado lo primero que solían hacer por la mañana era llenar barreños con agua caliente con la esperanza de que el vapor mitigara el frío. En la mayoría de las cocinas dos barreños unidos entre sí junto al fregadero servían de bañera.

Cuando hacía frío, los apartamentos olían a humedad. De ellos se desprendía un olor peculiar a grasa quemada y ropa sucia. Y, por supuesto, había chinches. Yo me quejé unas cuantas veces antes de comprender que se trataba de una batalla perdida.

Como *The Call* era un periódico matutino, no volvía a mi habitación hasta las dos o las tres de la madrugada. Por las mañanas la señora Gottlieb procuraba mantener a los niños en silencio para dejarme dormir, pero hacia las nueve ellos se ponían a rondar junto a mi puerta esperando a que me despertara. Mi gramófono portátil ejercía sobre ellos una enorme atracción y, cuando por las mañanas ponía un disco de Fritz Kreisler mientras me vestía, podía oír al auditorio zumbar al lado de mi puerta como un enjambre de abejas. Nada más abrir, entraban en tropel y se sentaban en la cama o en el suelo mientras yo me preparaba el café. A veces iba con la señora Gottlieb y con sus hijos a los baños públicos que había a la vuelta de la esquina y disfrutábamos de una ducha caliente.

Al cabo de unos meses, mi sueldo inicial de cinco dólares semanales subió a diez. El alquiler solo me costaba cinco dólares mensuales y yo me preparaba el desayuno en mi habitación. Algunos reporteros de otros periódicos con quienes cubría información solían invitarme a cenar, y por la noche la señora Gottlieb me dejaba un plato de sopa o de pescado, así que estaba muy bien alimentada.

Fue entonces cuando me di cuenta de que la pobreza del East Side es una pobreza relativamente bien nutrida. Siempre hay carros ambulantes cargados con todo tipo de frutas y verdura. El marisco más barato eran los mejillones y se podía comprar un muslo de pollo para hacer una sopa. Los judíos y los italianos eran buenos cocineros y no dudaban en regatear unos peniques a los vendedores ambulantes.

En el East Side, judíos e italianos se unían en constantes protestas en contra de su suerte. Aquel invierno el precio del pan originó frecuentes revueltas y aluviones de mujeres y niños marcharon frente al ayuntamiento. En una ocasión subieron la Quinta Avenida hasta el Waldorf-Astoria y, con los niños apoyados en sus robustas caderas, blandieron los puños frente a las ventanas. Vivían en la calle desde principios de la primavera hasta finales del otoño, dispuestas a unirse a cualquier protesta que se organizara.

En el East Side las protestas eran constantes: se celebraban mítines en las esquinas de las calles, marchas hasta el ayuntamiento y manifestaciones reclamando parques infantiles, campos de juego, dispensarios para los niños y mejores escuelas, y en contra de los sueldos escasos y el alto coste de la vida. Normalmente estaban motivadas por alguna desgracia humana en particular: la muerte de algún miembro de la familia en un incendio, el hambre o el desahucio. Las víctimas se quedaban sentadas en casa llorando, mientras todos los vecinos hacían suya la causa y dejaban oír su voz. Entonces los desahucios se paralizaban, se recibían ayudas, se construían parques, se derribaban casas y la situación mejoraba un poco. Aun así, y pese a tantas protestas, los más pobres siguen sin tener una vivienda adecuada. Quienes ocupan los bloques modernos son los que pueden permitirse pagar entre treinta y cuarenta dólares mensuales de alquiler. Los pobres continúan viviendo en cuchitriles a cambio de ocho, diez o quince dólares.

Durante aquel invierno en los suburbios fui feliz, y desde entonces no he vuelto a vivir en ningún otro sitio. Puestos a residir en una ciudad, prefiero los barrios pobres a los ricos. Un bloque de apartamentos es un bloque de apartamentos, tanto si está en la mejor zona de Park Avenue como en la peor.

En *The New York Call* trabajaba gente de todas las ideologías. El jefe de redacción, Chester Wright, pertenecía a la Federación Americana del Trabajo. Charles Ervin, que se ocupaba de la gestión económica y más tarde relevaría a Wright en su puesto, se inclinaba por la Unión de Trabajadores Textiles, que tenía entablada una larga batalla con la Federación

Americana del Trabajo. Joshua Wanhope, editorialista del periódico, era un antiguo socialista. La mayoría de los que trabajaban en *The Call* eran de tendencia socialista, pero también había unos cuantos miembros de los I.W.W. y algunos anarquistas. No obstante, unos y otros eran ante todo periodistas: de otro modo, no podrían haber trabajado para el periódico, ya que los principios del socialismo y el anarquismo son opuestos, y los I.W.W. más consecuentes, que defienden una acción directa frente a la acción parlamentaria, eran revolucionarios.

William Randorf y Louis Weitzonkorn, dos jóvenes con los que solía salir, practicaban por entonces un periodismo radical, pero sus respectivas aficiones eran un obstáculo para su trabajo en el movimiento: la de Bill era el póquer, y la de Louis el teatro. Este último, autor de la columna La Guillotina en *The Call*, escribe en la actualidad obras para Broadway y su *Sed de escándalo* le ha valido fama y dinero. Randorf sigue pasando semanas enteras jugando al póquer, aunque conserva cierto compromiso con el movimiento radical a través de sus artículos sobre temas laborales y, de vez en cuando, como corrector de *The Daily Worker*. Por aquel entonces, a los tres nos interesaba la literatura tanto como el mundo obrero y el periodismo, y solíamos sentarnos en el restaurante Child, en Park Row, hasta las dos o las tres de la madrugada hablando sobre la novela, el poema o la obra de teatro maestras. Louis era un romántico: su obra favorita era *Cyrano de Bergerac*, con quien compartía una generosa nariz. El poema favorito de Bill era «Cynara».

Yo solo tenía dieciocho años y dudaba entre unirme a las filas del socialismo, del sindicalismo o del anarquismo. Cuando leía a Tolstoi era anarquista. Mi compromiso con *The Call* me acercaba al ala izquierda del socialismo y mi americanismo me llevaba a inclinarme por el movimiento de los I.W.W.

No recuerdo que en *The Call* se publicaran artículos en contra de la religión. De hecho, hubo un extensa entrevista de

Dante Barton, vicepresidente del Comité de Relaciones Industriales, con un jesuita, el padre John O'Rourke, que predicaba aquel invierno en la catedral. Hace poco la estuve releyendo y me sorprendió encontrar numerosas citas del papa León XIII, así como una exposición sumamente imparcial de la doctrina social de la Iglesia. Hasta hoy no he sido consciente de ello. Por entonces, los católicos formaban una nación aparte, un pueblo dentro de otro pueblo que ejercía escasa influencia sobre la inmensa población no católica del país. Las citas del padre O'Rourke hacían hincapié —en la línea de la encíclica de Pío XI sobre el comunismo ateo[2]— en que las primas repartidas por los empresarios solo podían considerarse sobornos. No obstante, en aquella época —como con demasiada frecuencia sigue ocurriendo también hoy— se hablaba de los principios fundamentales de la justicia social sin aplicarlos a asuntos concretos o a alguna huelga en particular.

No había mucho paro, pues las fábricas de armas funcionaban las veinticuatro horas del día. Aunque los salarios eran elevados, el coste de la vida no dejaba de subir y continuaba siendo motivo de huelgas: la de conductores de tranvía se prolongó durante muchos meses. Se convocaban huelgas en las fábricas textiles, en las plantas de fundición y en las refinerías de azúcar, y semana tras semana se sucedían los disturbios provocados por el hambre. En la costa oeste se juzgaba a Mooney por el atentado con bomba del Preparadness Day[3], y el humorista gráfico radical Bob Minor creaba en solitario un comité

---

[2] La autora se refiere a la encíclica *Divini Redemptoris*.

[3] El 22 de julio de 1916, durante la celebración de un desfile en San Francisco (California), se produjo un atentado con bomba en protesta por la participación de Estados Unidos en la primera guerra mundial, con un resultado de diez muertos y cuarenta heridos. Dos dirigentes obreros, Thomas Mooney y Warren Billings, fueron sentenciados a la horca, pena que más tarde se conmutaría por la de cadena perpetua.

de defensa que a día de hoy continúa en activo. En Everett (Washington) Charles Ashleigh hacía lo mismo en defensa de los setenta miembros de los I.W.W. acusados de asesinato después de que cinco compañeros suyos fueran abatidos a tiros durante una manifestación a favor de la libertad de expresión. (Hoy, transcurridos veinte años, Minor continúa liderando el movimiento obrero comunista de nuestra nación, mientras que Ashleigh dirige un periódico en la Rusia soviética).

7.
PERIODISMO

Estuve trabajando en *The Call* durante el invierno de 1916-1917, justo antes de que Estados Unidos declarara la guerra. Eran los inicios del movimiento pacifista obrero y estudiantil. Aún no había estallado la revolución rusa. Trotski, expulsado sucesivamente de Alemania, Francia y España, llegó a Nueva York para colaborar en el diario socialista ruso *Novi Mir*.

Por entonces *Novi Mir* tenía sus oficinas en el número 77 de St. Mark's Place, adonde acudí en compañía de otro periodista de *The Call* para entrevistarle. Trotski se resistió a vuestros intentos de hacerle hablar de su exilio en Siberia o de las ocasiones en que había huido disfrazado, y se refirió en cambio al fracaso del socialismo para detener la guerra. Fue quizá su ácida crítica del parlamentarismo de los socialistas neoyorquinos lo que disuadió a *The Call* de publicar una segunda entrevista con él. Su nombre solo apareció dos veces en el periódico.

The Call ponía constantemente el acento en el trabajo llevado a cabo por el socialismo en el Parlamento, subrayando la actividad de Shiplakov y los demás socialistas destacados de la política. Según Trotski, allí donde el parlamentarismo era más frágil, el movimiento socialista cobraba una fuerza mayor; mientras que, donde intentaba hacerse con el Estado, acababa derrotado por él. (Palabras interesantes para los católicos que confían en la actividad política antes que en una acción católica dirigida a promover la revolución cristiana). Trotski predecía la ruina de la clase capitalista, los tremendos impuestos de la posguerra y la concentración del poder en la clase media. «Después de la guerra», decía, «la agitación social eclipsará todo lo que el mundo ha presenciado hasta ahora. Los obreros se impondrán a los amos y solo el futuro podrá decir qué forma tomará la protesta». Unas semanas después habló en la Cooper Union[1]. «La revolución se está preparando en las trincheras», dijo, sin imaginar quizá que el 21 de marzo, menos de dos meses después, las masas neoyorquinas celebrarían en Madison Square Garden la caída del zar. Ludwig Lore, quien hoy escribe en *The Post* y entonces dirigía el periódico *Volkzeitung*, se encargó de presentar a su amigo.

La vida en un periódico, tanto si es radical como conservador, te hace perder toda perspectiva. Estás sumergido en un mundo de acontecimientos, reportajes e informaciones, sin un momento para pararte a pensar: un día escuchas a Trotski y al siguiente entrevistas al mayordomo de la esposa de Vincent Astor[2], escribes artículos sobre los cargos del Departamento de la Marina contra Charles Swab[3] y otros fabricantes de munición, o reportajes sobre el trabajo infantil en el campo o en las lavanderías (niños de catorce años que trabajan noventa horas semanales). Mi mente no retenía nada. Trabajábamos desde las doce del mediodía hasta las doce de la noche, cubriendo mítines y huelgas. Marchábamos con los piquetes e

---

[1] Universidad de Nueva York.
[2] Brooke Astor (1902-2007), célebre filántropa norteamericana.
[3] Magnate estadounidense del acero.

indagábamos sobre el hambre y la muerte en los barrios más pobres.

Nuestra labor como periodistas parecía consistir en ir levantando un edificio de acusaciones en contra del sistema vigente, en dar cuenta a diario del horror cuyo efecto acumulativo sería obligar a los trabajadores a hacer la revolución. Quienes dirigían el periódico confiaban en las leyes, pero nosotros, los jóvenes, veíamos en la revolución y en el uso de la fuerza los únicos instrumentos. Los socialistas más antiguos, junto con el parlamentarismo condenado por Trotski, creían en la educación y en las leyes como medios para transformar el orden social. Los editoriales y los artículos de fondo de *The Call* coincidían con esta política, pero eran aburridos y doctrinarios, y quienes los leían no podían por menos que descubrir entre líneas una llamada a la revolución antes que a una siembra paciente y un trabajo constante. Ahora entiendo que todo lo que escribía lo hacía con la impaciencia de la juventud. Había perdido la esperanza en un cambio gradual.

El 21 de marzo de 1917, en Madison Square Garden, viví aquellos primeros días de la revolución rusa, compartiendo el sentimiento de victoria exultante y jubiloso de las masas que entonaban el *Ei Uchnjem*, el himno de los trabajadores rusos, el cual venía a significar —tal y como recogía *The Call* al día siguiente— que «el desarrollo de los acontecimientos de la humanidad es como la corriente de un río», y se describía aquel canto como «la melodía mística y fascinante de la lucha, un grito por la paz mundial y la fraternidad humana».

Tan solo dos días después, una multitud enloquecida partidaria de la guerra y liderada por Elihu Root[4] y el alcalde

---

[4] Elihu Root (1845-1937), político estadounidense que estuvo al frente de la Secretaría de Guerra y se opuso a la política de neutralidad del presidente Wilson. En 1912 fue galardonado con el Premio Nobel de la Paz.

Mitchel se congregaba en Madison Square Garden. Quienes abarrotaban la plaza no eran las masas trabajadoras —los judíos, rusos y eslavos en general que residían en los suburbios neoyorquinos—, sino voluntarios del ejército, *boy scouts* y reservistas de las fuerzas navales y militares. Fue casi un evento social en el que de las limusinas descendía gente bien vestida y accionistas bien alimentados que daban gritos a favor de la guerra para mantener a salvo sus inversiones.

A lo largo de aquel invierno, mi trabajo consistió en cubrir huelgas, mítines pacifistas y disturbios provocados por el hambre. Margaret Sanger y su hermana, Ethel Byrne, que intentaron abrir una clínica de control de la natalidad en los suburbios de Brownsville, fueron inmediatamente arrestadas. A Ethel Byrne la enviaron a Blackwell's Island (hoy Welfare Island), donde inició una huelga de hambre. Aunque las sufragistas inglesas ya empleaban este método, era la primera vez que lo utilizaba una mujer norteamericana, de modo que los periódicos le dedicaron una amplia cobertura. Me tocó a mí hacerme cargo de ese asunto, de manera que me pasé los dos meses siguientes informando sobre aquellas dos mujeres como si fueran mártires de una causa sagrada y pintando retratos estremecedores de los sufrimientos padecidos por Ethel Byrne dentro de la cárcel y tras su puesta en libertad. Lo cierto es que su huelga de hambre no duró mucho: en realidad, Ethel no salió demasiado perjudicada y, cuando abandonó la cárcel, estaba fuerte y perfectamente sana. Pero mi trabajo consistía en trazar el retrato de una mujer al borde de la muerte. Hasta que yo misma no me declaré en huelga de hambre, no fui consciente de que Ethel Byrne nunca estuvo tan débil ni tan enferma como ella y sus médicos pretendían, y que lo que escribí respondía a los deseos del director del periódico. En cualquier caso, era consciente de estar desvirtuando la verdad y a veces me irritaba que mi labor consistiera siempre en describir el lado oscuro de la vida, ignorando cualquier enfoque más moderado, así como los aspectos positivos y alegres de las historias que trataba.

Si, por ejemplo, hubiese escrito sobre la señora Gottlieb, habría omitido el sencillo consuelo de sus sabrosos guisos e insistido en el elevado coste de la vida y en el empleo inestable de su marido. Habría prescindido de la feliz imagen de nuestras duchas matutinas en los baños públicos para fijarme únicamente en la lúgubre sordidez de los bloques de apartamentos, desprovistos de aseos. Aún sigo cuestionándome el sentido de aquel énfasis exagerado en la miseria humana y de tan escaso énfasis en el valor y el coraje que hacen a los hombres capaces de sacarle el máximo partido a su situación.

Aquel invierno disfruté inmensamente asistiendo a los bailes y rastrillos organizados en beneficio de los trabajadores por socialistas, anarquistas y miembros de los I.W.W. La oradora más eficaz era Elizabeth Gurley Flynn, colaboradora de estos últimos y una de las principales líderes de la huelga del sector del acero de Mesabi. Había llegado a Nueva York para recaudar fondos destinados a aliviar la situación de las familias mineras y a la defensa de los trabajadores. Allí donde hablaba, el auditorio se echaba a llorar y se entregaba con entusiasmo a la causa. Yo la escuché la noche en que habló del barrio de Brownsville y di todo lo que llevaba en los bolsillos, sin guardarme nada para el transporte, de modo que tuve que pedir dinero prestado para el billete de vuelta a la oficina y me pasé varios días sin almorzar. Cuando pienso en los cientos de reuniones a que he asistido en las que los obreros contribuyen a las huelgas, a la defensa de los trabajadores y al sostenimiento de sus publicaciones, me sigue maravillando su espíritu de sacrificio.

Ese invierno formé parte de numerosos piquetes en medio del frío y la nieve, y comprendí su valor y los sacrificios que conllevan. En los últimos años he hablado muchas veces en clubes de mujeres de clase media o ligados a alguna confesión religiosa, y buena parte de ellas sabían tan poco del movimiento obrero que no habían oído hablar nunca de la Federación Americana del Trabajo ni de la finalidad de los piquetes. Los consideraban un acto intimidatorio dirigido contra la gente y no contra los esquiroles, y se sentían valientes por traspasar sus barreras para entrar en los restaurantes o en las tiendas. No comprendían que se trata de un medio que permite a los trabajadores atraer la atención sobre su causa. No comprendían que los empresarios tienen a su disposición los periódicos —los cuales suelen tomar partido por los anunciantes—, la radio y, con frecuencia, el púlpito. Si no formaran piquetes, nadie sabría de la existencia de una huelga. Ni siquiera los demás obreros, tentados de aceptar un trabajo a cambio de un buen sueldo, sabrían de la existencia de una huelga de no ser por los piquetes situados delante de la fábrica o del taller. Yo participé en piquetes organizados en fábricas textiles y restaurantes, y no solo era duro pasar tantas horas andando lentamente y de una forma tan poco natural, sino también enfrentarse a la gente y al desdén de la mayoría de los policías.

A principios de marzo de ese año, colaboré —no solo como periodista— con los estudiantes de Columbia, activamente involucrados en el movimiento pacifista. Asistíamos a mítines, repartíamos folletos e imprimíamos miles de carteles protestando contra el inminente estallido de la guerra, y por la noche recorríamos la Quinta Avenida, el metro y las zonas de los grandes almacenes pegándolos en las ventanas y en las fachadas de las casas. Recuerdo cuánto disfruté empapelando la fachada del Union League Club.

La semana anterior al uno de abril fletamos un autobús en Chinatown y viajamos a Washington parando en Jersey, Bayonne, Newark, Elizabeth, Filadelfia y Baltimore, y en otras tantas ciudades y pueblos incluidos en nuestro itinerario, donde convocábamos mítines en la calle y, a veces, en locales alquilados. En esa época, los ánimos belicistas estaban tan exacerbados que nuestros mítines acababan tan pronto como empezaban. Entonces teníamos que subirnos al autobús y salir corriendo hacia nuestro próximo destino para emprender un nuevo intento. En Baltimore se produjeron disturbios. Estábamos celebrando un mitin en un auditorio muy elegante cuando varios grupos de estudiantes de una universidad católica irrumpieron en él. Los oradores abandonaron el estrado entre abucheos y la policía disolvió a los asistentes. Fuera del auditorio continuó la revuelta y, cuando estaba metida de lleno en ella junto a un furgón de la policía, tratando de descubrir si los arrestados pertenecían a nuestras filas o a las de los asaltantes, un agente me golpeó con la porra y me rompió dos costillas. Aunque llevaba prendida en el abrigo mi acreditación de periodista, en medio del tumulto no había credenciales que valieran. El policía, con la frente cubierta de sangre por algún proyectil arrojado contra él, apenas podía ver nada, rodeado cada vez más estrechamente por la multitud. Dos de los nuestros fueron arrestados y puestos en libertad en el acto. A la mañana siguiente reanudamos nuestro viaje.

A los pocos días se declaró la guerra y no nos quedó otro remedio que volver a Nueva York y ponernos a trabajar en la Liga Anti-reclutamiento. Ahora nuestra misión consistía en convencer a la gente de que no se alistara en el ejército.

Poco después dejé *The Call* para colaborar durante algún tiempo con la Liga. Era el único miembro del grupo que recibía un sueldo, el cual ascendía a quince dólares semanales. Todos los demás eran estudiantes universitarios y necesitaban a alguien que atendiera las oficinas, contestara el correo y se encargara de la publicidad. No me quedé con ellos mucho tiempo, porque la revista *Masses* me ofreció el puesto de directora adjunta y pasé a disfrutar de la vida más relajada del trabajador de una publicación mensual. Aun así, me mantuve en contacto con los miembros de la Liga y con los socialistas. Los poemas de Jack Reed y Arturo Giovannitti en *Masses* eran estremecedores: aún recuerdo el dedicado a la muerte de Frank Little, un miembro de los I.W.W. de Everett que fue apresado por una turba armada y colgado de un puente del ferrocarril.

Había también viñetas y dibujos de Art Young, Hugo Gellert, Boardman Robinson, Maurice Becker y Glintenkamp. Max Eastman mantenía una controversia con el presidente Wilson y las cartas que se cruzaban entre ellos aparecían publicadas todos los meses en la revista. Floyd Dell, el director, escribía artículos y críticas literarias, y en su tiempo libre trabajaba en una novela. Los poemas líricos de Max Eastman y sus ensayos sobre estética eran buenos. En mi opinión, los miembros con más años del equipo de dirección eran artistas antes que propagandistas.

Yo pasaba mucho tiempo con Maurice Becker y Mike Gold. Muchas tardes dábamos largos paseos por las Palisades y por Staten Island. Hugo Gellert solía dibujar para mí hermosas escenas bucólicas que Max Eastman tenía el detalle de quedarse para decorar su apartamento con el fin de echarle una mano.

Buena parte de los artistas y escritores eran pobres de verdad. Cuando unos amigos de la revista nos ofrecieron a algunos miembros de la dirección un apartamento en Greenwich Village donde pasar el verano, aceptamos encantados y vivimos plácidamente, como auténticos burgueses, durante los cinco meses siguientes. Se trataba de un ático en un antiguo edificio de MacDougal Street, encima de Provincetown Players. Yo me instalé en el dormitorio que había junto al vestíbulo, mientras que Floyd Dell, Merrill Rogers y David Karb ocuparon el resto de la vivienda. Durante ese tiempo celebramos numerosas reuniones en los dos salones del apartamento. Recuerdo una en particular, la noche anterior a la llamada a filas, en la que Max Eastman, Floyd Dell, Jack Reed, los hermanos Boni, Hiram Moderwell, Mike Gold, Harold Stearns y muchos otros se pasaron toda la noche discutiendo si debían o no alistarse. La mayoría lo hizo al día siguiente.

Durante el año que siguió, muchos amigos míos se trasladaron a México para evitar alistarse. El único objetor auténtico y coherente que conocí por aquella época fue el hermano pequeño de Hugo Gellert, a quien encerraron en una garita de vigilancia en un campamento militar instalado en Long Island. No tenía más que una camiseta y unos pantalones y sobrevivía a pan y agua. Hugo y yo solíamos ir a visitarle y le llevábamos tabletas de chocolate, fruta y todo lo que podíamos pasarle a escondidas. Los soldados de guardia se mostraban comprensivos y tolerantes con nuestro contrabando de alimentos. No recuerdo qué mes era, pero por las noches hacía frío y uno de los guardias solía dejarle una trinchera para que se tapara, porque dormía en el suelo. También le habían pasado un violín con que matar su tiempo y el de los soldados. Y luego, de repente, nos enteramos de que se había suicidado al día siguiente de una de nuestras visitas. Nosotros le habíamos dejado sonriente y contento. Lo habían asesinado, aseguraba Hugo, convencido de que para su hermano, viniendo como venía de una familia de revolucionarios húngara, la muerte no era una forma de huida.

En verano Max Eastman inició una gira de conferencias con el fin de recaudar fondos para *Masses* y Floyd Dell se cogió un mes de vacaciones. Yo me quedé encargada de seleccionar el material con que confeccionar el número del mes. Algunas de las viñetas y artículos que aparecieron en él dieron pie a la acusación de traición lanzada contra el equipo de dirección. Ya llevábamos unos cuantos meses bajo la amenaza del cierre de la revista y era solo cuestión de tiempo que nos viéramos obligados a interrumpir su publicación, así que nadie me consideró culpable de haber precipitado los acontecimientos. El juicio no se celebró hasta el invierno siguiente.

Aquel verano Rayna vino a verme desde Chicago y pasamos muchas noches recorriendo las calles acompañadas de Mike, Maurice, Hugo y algunos más, para acabar recalando en el apartamento, tomar un café y charlar un rato. Solíamos recoger a gente que encontrábamos en los parques y nos la llevábamos a casa. Había quien tildaba aquello de caridad sentimental. Para Mike Gold era una manifestación de lo que él llamaba mi instinto religioso. Por entonces los dos estábamos leyendo a Tolstoi y compartíamos plenamente el cristianismo que este presentaba, un cristianismo que prescindía de iglesias y sacerdotes.

En otoño, después de que Rayna regresara a casa, me trasladé a Washington para unirme a la Liga para la Defensa de los Presos Políticos, que proyectaba organizar un piquete ante la Casa Blanca, sitiada desde hacía varios meses por las sufragistas. Buena parte de ellas habían estado en la cárcel, a veces hasta en número de veinticinco, y muchas durante un periodo de tiempo de sesenta días. Cumplían su condena en la prisión de Occoquan.

Dos de sus líderes se habían declarado en huelga de hambre para reclamar el derecho a recibir el trato reservado a los presos políticos en lugar de verse obligadas a trabajar y a llevar el uniforme de presidiarias, y para protestar por la prohibición de disponer de libros y recibir correspondencia. Los derechos de los presos políticos estaban reconocidos en la mayoría de los países europeos, incluida la Rusia de la época de los zares. De hecho, muchos revolucionarios condenados a largas temporadas de cárcel que habían estado exiliados en Siberia aprovechaban la oportunidad que les brindaba el gobierno para estudiar el marxismo y la historia desde un enfoque marxista, reforzando así su influencia como líderes intelectuales de las masas.

Pero en Washington a las sufragistas se las trataba como criminales y compartían celda con rateros y prostitutas. Con el fin de organizar un piquete en protesta por el brutal trato recibido, habían reclutado a un grupo numeroso de mujeres procedentes de todos los Estados Unidos y con representación de todas las clases sociales. Entre ellas se contaba la esposa del presidente del consejo de dirección del Hospital de Bellevue. Había mujeres de la alta sociedad de Boston y Filadelfia, una anciana y distinguida dama procedente de Florida, estudiantes y profesoras.

Una vez reunidas en nuestra sede, iniciamos la lenta marcha ante las puertas de la Casa Blanca. Normalmente la policía iba deteniendo a los miembros de los piquetes en cuanto aparecían, pero en aquellas fechas se estaban produciendo pequeños disturbios y el primer día unos cuantos soldados nos arrancaron las banderas y las destrozaron. Nos subimos al furgón policial con las pocas que pudimos salvar y fue gracioso vernos atravesar las calles de Washington con las pancartas colgando de la trasera del furgón. Ese día nos pusieron en libertad bajo fianza. Durante el segundo piquete nos negamos a pagar la fianza y pasamos la noche en el centro de detención de Washington, donde tuvieron que instalar catres de campaña para alojar a un grupo tan numeroso. Al día siguiente nos condenaron a todas a treinta días de cárcel y nos llevaron a la prisión de Occoquan.

Nos trasladaron en un tren custodiado por un buen número de guardias. Estábamos en otoño y había una hermosa vista del anochecer en el campo. Cuando llegamos a la prisión, era noche cerrada y los guardias nos obligaron a pasar por la oficina de admisión del superintendente. No nos ahorraron ninguna violencia: nos tiraban de los brazos mientras caminábamos en medio de la oscuridad y nos arrojaron literalmente dentro de la habitación. Después de despojarnos de nuestras pertenencias, nos asignaron las celdas y a quienes habíamos protestado calurosamente por el trato recibido nos llevaron al edificio de las celdas de castigo donde se solía aislar a los presos. Solo había un catre en cada celda, pero éramos tantas que nos instalaron de dos en dos: yo compartía la mía con Lucy Burns, una maestra pelirroja de Brooklyn líder de las sufragistas.

En el vestíbulo del edificio que albergaba las celdas de castigo intenté levantarme para reunirme con una joven artista a la que conocía que se encontraba en el otro extremo de la habitación; pero, en cuanto hice un movimiento, cuatro guardias se abalanzaron sobre mí como si estuvieran jugando un partido de fútbol y yo fuera el balón. Algunas mujeres se levantaron para acudir en mi ayuda e, inmediatamente, se desató una furiosa pelea: fue una escena absolutamente vergonzosa, en la que las damas de buena posición la emprendieron a golpes y patadas con los guardias mientras estos les pagaban con la misma moneda.

Una vez arrojadas al interior de la celda, Lucy Burns se quedó de pie junto a la puerta y se puso a llamar a otras mujeres del grupo para saber si estaban heridas, haciendo caso omiso del superintendente, que le ordenaba que «cerrara el pico». Entonces este se acercó a la celda, pálido de ira, y ordenó a los guardias que la esposaran a los barrotes. La dejaron así varias horas, con las manos por encima de la cabeza. Luego la soltaron, pero no le quitaron las esposas, y las dos nos metimos vestidas en el único catre que había, sin colchón, sin mantas y sin sábanas, y nos pasamos casi toda la noche charlando. Recuerdo que hablamos de todas las novelas de Joseph Conrad que habíamos leído y que su favorita era una titulada *Juventud*.

Inmediatamente, iniciamos una huelga de hambre. Al segundo día nos pusieron en aislamiento. Las horas se hacían interminables. Tumbada en el catre, contemplaba la abertura que había en lo alto de la celda, por la que a ciertas horas del día se filtraba un débil rayo de luz. Desde fuera me llegaba el canto de los pájaros y el ruido de los guardias recorriendo los pasillos. Por lo demás, el silencio era absoluto. La puerta con barrotes daba a un corredor y, de vez en cuando, algún guardia se asomaba a mirar. En un rincón de la celda había un retrete que se vaciaba desde el exterior. Se suponía que teníamos que avisar al guardia para que nos prestara ese servicio. Una vez al día, uno de ellos nos escoltaba hasta unos aseos que había en un extremo del edificio. Íbamos de una en una y era el único momento en el que coincidíamos con las demás reclusas. No había posibilidad de cruzar una palabra.

El primer día nos quitaron la ropa y nos entregaron los uniformes de presidiarias, todos exactamente iguales: una bata de manga larga suelta hasta los pies, una camisola grisácea de un algodón áspero y un par de zapatos.

Al cabo de unos días, le pedí una Biblia a uno de los guardias porque sabía que era lo único que nos permitían tener, y me pasaba las horas tumbada leyendo los salmos.

El ayuno no se me hizo duro. Bebíamos mucha agua y estábamos inactivas. Éramos tantas que habría sido imposible alimentarnos a todas a la fuerza. Esa tortura se la tenían reservada a las líderes del grupo. Gracias a Dios, yo no estaba entre ellas. Pero la mujer de la celda contigua a la mía sí lo era, y podía oír cómo se retorcía cuando cuatro guardias la sujetaban al catre y el médico y su ayudante le metían a la fuerza un tubo por la garganta por el que le pasaban leche y huevo batido.

En total, la huelga de hambre duró diez días y obtuvo su fruto. Toda la nación alzó la voz indignada. Pasado ese tiempo, cedieron a nuestra petición de ser tratadas como presas políticas. Lógicamente, mientras duró la huelga no nos obligaron a trabajar; y, una vez concluida, nos devolvieron nuestra ropa y los libros, y nos permitieron recibir correo. A partir de ese momento, nos dieron muy bien de comer. El primer día nos trajeron tostadas mojadas en leche y, al siguiente, nos pusieron de cenar un pollo delicioso.

Ese mismo día nos trasladaron en varios coches a la cárcel municipal de Washington. La temperatura de aquel hermoso otoño era tonificante y el éxito de la huelga nos hacía sentirnos victoriosas. En la prisión habíamos padecido auténticos sufrimientos y penurias, y a su lado el encierro que vivimos después nos pareció una broma. En la cárcel de Washington, después de asignarnos las celdas, dejaron las puertas abiertas, de modo que podíamos deambular por los pasillos, visitarnos las unas a las otras, comprar comida y cigarrillos e incluso divertirnos. Había un gramófono y, a última hora de la tarde, nos poníamos a bailar. Recuerdo una tarde tumbada en el catre, con un buen plato de judías endulzadas con melaza que había preparado el cocinero de color y que eran una auténtica delicia. Yo leía un libro de Hugh Walpole, *Fortaleza*, mientras Peggy, mi compañera de celda, sentada en la litera de abajo, dibujaba bocetos de las demás prisioneras.

Cuando el presidente Wilson firmó nuestro indulto y recuperamos la libertad, habían transcurrido dieciséis días. Los últimos pasaron como si nada —excepto por el hecho de estar presas—, pero los seis primeros fueron penosos. Pese a verme rodeada de mujeres, me sentía completamente sola, tumbada allí, tras las rejas. Sufría en mis carnes la desdicha de todos los presos encarcelados por delitos penales. Mis treinta días de condena se me hicieron interminables y, cuando pensaba en las condenas más largas —y hasta las de seis meses me parecían terriblemente largas—, me abrumaba la desgracia de quienes me rodeaban. La causa que nos había llevado a la cárcel se me antojaba insignificante. La cuestión del voto no me interesaba demasiado y pensaba que nuestra protesta debería haber servido no en nuestra propia defensa, sino en la de los miles de prisioneros repartidos por todo el país, víctimas de un sistema materialista. Ellos sufrían un castigo que no les corregiría ni les disuadiría de futuros delitos; un castigo impuesto por hombres que no eran mucho mejores que ellos y, en algunos casos, mucho peores.

Lo único que logramos con nuestra protesta colectiva fue la destitución de Witthacker, el superintendente. Bastaron para ello nuestros testimonios y las declaraciones que conseguimos reunir sobre su brutalidad.

Esa primera semana sufrí lo indecible y la lectura de la Biblia hizo aún más intenso ese sufrimiento. Pensaba que éramos un pueblo apartado de la gracia y abandonado por Dios; que éramos hijos de la ira y que, para lograr el éxito de cualquier revolución, antes había que pasar por una conversión personal. Al mismo tiempo, mi actitud me parecía insana. Desconfiaba de mis propios sentimientos y los creía derivados de mi prolongado ayuno y de mi encierro; además, me avergonzaba volverme a Dios llevada por la desesperación. Guardaba en mi corazón aquello que había insinuado mi profesor de la universidad: que la religión era para los débiles y para los necesitados de consuelo y alivio; para quienes no eran capaces de sufrir en soledad y tenían que hallar consuelo en Dios, un Dios al que invocaban para que los salvara del temor y la soledad.

A mi regreso de Washington, trabajé algún tiempo por cuenta propia, trasladándome de habitación en habitación, de una zona del East Side a la otra, y de esta al West Side. Fue un invierno muy duro y las habitaciones en las que viví nunca estaban calientes. Hubo restricciones de carbón y se instituyeron los «lunes sin calefacción». Por lo general, se estaba mejor fuera de casa, así que visitaba con frecuencia a mis amigos o me dejaba caer por Princetown Players, donde algunos de ellos ensayaban una obra. Por las noches solíamos reunirnos en el cuarto interior de una antigua taberna en la esquina de Fourth Street con Sixth Avenue.

Pronto empecé a trabajar en *The Liberator*, que reemplazó a *Masses*. Estaba dirigido por Crystal Eastman, hermana de Max, Eugene O'Neill, Terry Karlin —un anciano irlandés que conoció a los mártires de Haymarket de Chicago—, Hypolyte Havel, director de una publicación anarquista cuyas ideas le habían llevado a recorrer las cárceles de toda Europa, Michael Gold y algunos más, que se convirtieron en mi compañía aquellas largas noches. Ninguno de ellos tenía nunca ganas de irse a dormir, ninguno deseaba quedarse solo.

Fue una de aquellas glaciales y desapacibles noches de invierno cuando oí por primera vez *El sabueso del cielo*, ese maravilloso poema de Francis Thompson. Gene era capaz de recitarlo entero. Sentado con aire melancólico y sombrío, y con la cabeza inclinada sobre el pecho, susurraba: «Mi corazón la fuente quebrada, donde no queda nada del llanto de mi muerte». Es uno de esos poemas que reavivan el alma y le recuerdan que Dios es su destino. La idea de esa persecución me fascinaba: su inevitabilidad y su insistencia me hacían sentir que, inexorablemente, debía detenerme en medio de la enloquecida carrera de la vida para recordar de dónde venía y hacia dónde iba.

El verano anterior, Mike Gold y Tolstoi, cuyas obras leíamos los dos, habían evocado en mí el recuerdo de lo espiritual, y ahora Eugene O'Neill y *El sabueso del cielo* volvían a hacer lo mismo. Quizá ninguno de los dos supo la conmoción que vivía. Aunque ponía todo mi empeño en ocultarlo, otra vez «me atormentaba Dios».

Tal vez te sorprenda saber que, muchas mañanas, después de pasar la noche sentada en una taberna o al volver de bailar en Webster Hall, entraba en St. Joseph para oír la primera misa. La iglesia estaba a la vuelta de la esquina de mi casa y me llamaba la atención ver entrar a la gente a primera hora para la misa diaria. ¿Qué encontraban allí? Era como si palpara la fe de quienes me rodeaban y tuviera ansias de ella. Por eso, solía entrar y quedarme arrodillada en el último banco de St. Joseph y es posible que incluso suplicara: «Oh Dios, ten compasión de mí, que soy un pecador».

El juicio de los directores de *Masses* se celebró aquel invierno y me citaron como testigo de la acusación. Les defendió Morris Hillquist, el abogado socialista cuya erudición y caballerosidad tanto admiraba, y juntos estuvimos preparando mi declaración. Fui una pésima testigo de la acusación y una espléndida testigo de la defensa.

Luego, de repente, empecé a sentirme abrumada por una serie de acontecimientos y, en general, por las desdichas de la vida, y mi manera de vivir se me hizo insoportable. Algunas amigas de mi familia eran enfermeras, estábamos en guerra y, aunque seguía siendo una acérrima pacifista, decidí que dedicarme al cuidado de los enfermos no era en absoluto contrario a mis convicciones. Había tantas enfermeras que se habían incorporado a la Cruz Roja y estaban en el extranjero que el país tenía mucha necesidad de ellas. El 1 de enero de 1918 comencé mi periodo de formación en el Kings County Hospital de Brooklyn.

8.
UNA VIDA DISCIPLINADA

El trabajo me gustó desde el primer momento. De pequeña me acostumbré a tener mucha actividad física, tanto en casa como en la escuela. Me habitué al trabajo manual, a un trabajo duro y exigente que, precisamente por eso, hacía más estimulante la actividad mental. Ser periodista de *The Call* y «patear» la calle a diario en busca de información me mantuvieron en forma. La convivencia con profesionales liberales y artistas era divertida y, al mismo tiempo, poco recomendable. Intentaba escribir, pero en mi vida no había disciplina. Echaba de menos el rigor de mi infancia. Aunque mi interés por el movimiento obrero seguía siendo el mismo, me sentía desplazada.

Dedicarme solamente a escribir no me llenaba y, en aquel momento, la lucha obrera se estaba extinguiendo. Los sueldos de los trabajadores eran más altos que nunca y ya no interesaba construir una democracia industrial. La Federación Americana del Trabajo se hallaba en su apogeo. A nadie le preocupaba que la inmensa masa de trabajadores no estuviera organizada. De un extremo a otro del país, muchos socialistas se habían lanzado a la guerra para acabar con las guerras, a «combatir para salvaguardar la democracia». Hace poco he visto otro eslogan que probablemente se utilizará en la próxima guerra; es un eslogan extraordinariamente difuso: «Salvar a la humanidad de sí misma».

La Federación Americana del Trabajo apoyó la guerra y condenó con la misma energía a quienes seguían oponiéndose a ella. Pero yo no creía que el movimiento radical hubiese fracasado. Todavía quedaban hombres como Debs, cuyas palabras en Canton resonarán siempre en los oídos de los trabajadores. El 16 de junio de 1918 pronunció su célebre discurso y fue condenado a diez años por su posición antibelicista. Antes de oír su sentencia, manifestó ante el tribunal:

«Señoría, hace años reconocí mi parentesco con todos los seres vivos y decidí que yo no era mejor que el ser más insignificante de este mundo. Dije entonces, y lo digo ahora, que mientras haya una clase inferior, yo pertenezco a ella; mientras haya criminales, yo soy uno de ellos; y mientras haya un alma en prisión, yo no soy libre. He escuchado todo lo que se ha dicho en este tribunal para respaldar y justificar esta acusación, pero no he cambiado de opinión. Considero la Ley de Espionaje una ley despótica en flagrante contradicción con los principios democráticos y con el espíritu de las instituciones libres. Señoría, he declarado ante este tribunal que me opongo al sistema social en el que vivimos; que creo en un cambio fundamental —a ser posible, por medios pacíficos y ordenados—. Esta mañana pienso en los hombres de los molinos y de las fábricas; en los hombres de las minas y los ferrocarriles. Pienso en las mujeres obligadas a llevar una vida vacía a cambio de un sueldo miserable; en los niños a quienes este sistema roba la infancia y desde sus primeros años se ven atrapados en las garras despiadadas de Mamón y arrastrados a las mazmorras de las fábricas para alimentar a máquinas monstruosas, mientras ellos desfallecen de hambre y se consumen en cuerpo y alma. Los veo raquíticos y enfermos, y sus jóvenes vidas rotas y condenadas porque en este mediodía de nuestra civilización cristiana del siglo XX el dinero sigue siendo mucho más importante que la carne y la sangre de los niños. En realidad, hoy el oro es dios y unas leyes despiadadas rigen los asuntos de los hombres.

En esta nación, la más privilegiada bajo la bóveda del cielo, poseemos grandes extensiones del suelo más rico y fértil, recursos materiales en inagotable abundancia, la maquinaria de producción más extraordinaria de la tierra, y miles de trabajadores deseosos y dispuestos a hacer rendir esas máquinas y producir en abundancia para todos los hombres, mujeres y niños; y, si todavía hay entre nosotros tantas víctimas de la pobreza cuyas vidas son una lucha incesante de la juventud a la vejez, hasta que por fin la muerte acude en su rescate, trae la paz a sus corazones doloridos y sume a estas víctimas desdichadas en un sueño profundo, no es culpa del Todopoderoso; no se puede acusar a la naturaleza, sino solamente al atrasado sistema social en que vivimos, que debe ser abolido no solo en interés de las masas trabajadoras, sino en el más alto interés de toda la humanidad.

Al mes de empezar mi periodo de formación en el hospital, tuve la inmensa fortuna de que se incorporara una tal señorita Adams, a quien le asignaron la habitación contigua a la mía. Las dos estábamos recién llegadas, de modo que trabajábamos juntas. Ella tenía casi treinta años; la enfermedad de su padre y otras obligaciones le habían impedido comenzar antes su preparación. De todas las que estábamos formándonos, ella era prácticamente la mayor y el hecho de que hubiera tenido que demorar tantos años su vocación —por decirlo de algún modo— la llevó a volcarse en el trabajo con más energía aún.

En aquella época, todo lo que se necesitaba para estudiar enfermería era haber completado dos años de educación superior. Durante los tres primeros meses tuvimos que costearnos los uniformes y los libros de texto; luego ambas cosas pasaron a ser responsabilidad del hospital, que nos pagaba diez dólares mensuales. No éramos más de una docena y, a pesar de lo exigente de la preparación, fueron muy pocas las que abandonaron. Se trabajaba mucho, pero la alegría y el entusiasmo de la señorita Adams resultaban contagiosos. Era católica y durante el año siguiente llegamos a mantener una relación tan estrecha que acabé admirándola mucho, y atribuía su bondad natural y su competencia a la fe que profesaba. Solo asistía a misa una vez a la semana y nunca hablaba de religión. En su habitación no había libros católicos, a excepción del devocionario, que utilizaba en contadas ocasiones. Pertenecía a esa clase de católicos cuya fe forma parte de su vida de un modo tan sólido que no necesitan hablar de ella. Yo percibía la salud de su alma. La notaba fuerte y vigorosa, pero la señorita Adams no hablaba de ello más de lo que lo hacía de su salud física. Empecé a acompañarla a misa los domingos por la mañana, aunque eso significara privarse de unas pocas horas de un descanso muy necesario. La misa se celebraba a las cinco o cinco y media. Nosotras trabajábamos de siete de la mañana a siete de la tarde y librábamos medio día el domingo y otro medio día entresemana. Se suponía que por la tarde teníamos dos horas libres, pero en realidad las dedicábamos a las clases.

Eran tantas las enfermeras que se habían incorporado a la Cruz Roja que a cada una nos solían asignar cincuenta pacientes. Aunque estábamos en periodo de formación y no nos cedían demasiadas responsabilidades, y pese a que las auxiliares y celadoras se encargaban de muchas de las tareas más desagradables, el trabajo físico era intenso. Se trataba de un hospital municipal y los pacientes tenían que estar muy enfermos para que los ingresaran. Nos encargábamos de cambiar las sábanas a diario, lavar a todos nuestros pacientes, darles friegas de alcohol, curar las úlceras, administrar los medicamentos, estudiar técnicas y, por lo general, de poner enemas e inyecciones y hacer punciones lumbares y de líquido pulmonar, así como de cualquier tratamiento que se dispensara a los pacientes ingresados en la sala de medicina interna y en urgencias. A lo largo de aquel año me formé en medicina general, pero solo hice unos pocos meses de prácticas en cirugía, ayudando en casos de fracturas y operaciones de amígdalas.

La compañía de la señorita Adams me hacía el trabajo más agradable. Muchas veces nos ocupábamos de la misma sala o bien de salas contiguas. Aquel año se declaró la epidemia de gripe y trabajábamos tanto que por la noche caíamos rendidas en la cama y por las mañanas salíamos de ella a rastras. Cuando me levantaba, tenía que darme un baño de agua fría, porque si estaba caliente me quedaba dormida. La mayoría de las enfermeras se aplicaban con diligencia y entusiasmo. Estábamos tan ocupadas que no nos daba tiempo a lamentar las desgracias humanas que presenciábamos, aunque era desgarrador ver morir a los más jóvenes víctimas de la gripe. A veces teníamos que preparar hasta ocho cadáveres al día.

Por las mañanas se nos exigía que tuviéramos la sala lista a las diez en punto y yo me sentía muy satisfecha cuando veía a todos limpios, aseados y perfectamente arropados bajo las colchas blancas de las camas, dispuestas en largas filas. Eran buenos enfermos: no tenían recursos económicos y no exigían demasiado. Tampoco se quejaban y afrontaban sus sufrimientos con estoicismo. Estaban bien alimentados y tenían sábanas limpias. A media mañana repartíamos un ponche y, en las salas de hombres, a los que eran bebedores se lo cargábamos con un buen chorro de güisqui. Cuando no se encontraban demasiado mal, nos ayudaban en lo que podían.

Me gustaban el orden y la disciplina de esa forma de vida: a su lado, la que había llevado hasta entonces me parecía caótica y vacía. Pensaba en la cantidad de horas que la mayoría de las mujeres dedican a las tareas del hogar y al cuidado de los hijos, y me preguntaba por qué en nuestras escuelas no se imparten clases sobre el modo de llevar una casa con más eficacia. Durante ese año comprendí que la organización y la disciplina son de las cosas más complicadas de esta vida. Si hubiese una campana que sonara a las seis de la mañana, si nos ajustáramos a un plan diario y estuviésemos obligados a adaptarnos a una disciplina conjunta, nuestra vida sería más eficaz y organizada. Llegaríamos no solo al trabajo programado, sino a mucho más. En el hospital te acostumbrabas a un esfuerzo constante y sostenido, a ignorar el cansancio tanto físico como mental.

Antes de que acabara el año, comencé a escribir otra vez, media hora por la mañana y otra media por la tarde. Luego empecé a sentirme inquieta y a recorrer Nueva York los dos medios días que tenía libres en busca de estímulo intelectual. Después de todo, me daba cuenta de que la enfermería no era mi vocación: mi verdadero trabajo consistía en escribir y hacer propaganda. En noviembre acabó la guerra. El Día del Armisticio estuve muy atareada y en el continuo ulular de las sirenas de las fábricas tan solo descubría la molestia que causaba a los pacientes la ruidosa euforia del exterior. Una horrible desgracia en las vías férreas, una espantosa catástrofe aérea sin supervivientes, un hombre agonizando en la sala: para mí, eso era más real que el final de la guerra y los cantos del armisticio. De la vida solo era capaz de ver las cosas inmediatas que había en torno a mí. Por eso, lo que me llevó a dejar mi trabajo en el hospital no fue el deseo de retomar mi actividad en el movimiento obrero, sino mi imperioso deseo de escribir.

9.
CHICAGO

Los años que van de 1919 a 1921 los dediqué a escribir, al periodismo, a asistir a mítines y a distintos empleos en Nueva York y en Chicago. Había largas temporadas en que solo pensaba en escribir y, después de mi jornada de trabajo, me pasaba la noche redactando relatos cortos, reseñas y obras de teatro que nunca se llegaron a publicar. Como tenía mucho trato con artistas, escritores y el tipo de gente que los radicales llaman intelectuales burgueses, no se puede decir que estuviera comprometida con el movimiento radical. Siempre había existido esa separación entre liberales y radicales, reconocida tanto por el marxismo socialista como por el comunista.

A lo largo de esos años en que rondaba la veintena, lo cierto es que viví a mi aire y bajo la influencia de las personas antes que de las ideas, por lo que me distancié de la lucha obrera. Tuve distintos empleos: cubrí la información en los tribunales de Chicago para periódicos capitalistas en lugar de obreros, hice trabajos de corrección, trabajé en bibliotecas, de cajera en un restaurante e incluso como empleada en Montgomery Ward[1], donde tenía que fichar.

---

[1] Cadena norteamericana de grandes almacenes.

Pasé un año en Europa, pero como por entonces me movía entre liberales, no mantuve un contacto directo con lo que ocurría en esos países. Durante mi estancia en Inglaterra, Francia e Italia, me codeé únicamente con personas interesadas por el arte y la literatura, que no eran en absoluto propagandistas.

A mi regreso de Europa, me instalé en Chicago, donde el Partido Comunista vivía precariamente en la clandestinidad. En aquella época, los mítines se celebraban en los bosques de Michigan, se producían cientos de arrestos y los trabajadores no sabían si eran socialistas, anarquistas, miembros de los I.W.W. o si estaban gestando un nuevo partido. Los socialistas eran demasiado insustanciales. En mi opinión, tenían muy poca vitalidad y yo apoyaba sobre todo a los I.W.W., cuyas ideas en relación con la solidaridad y la acción directa poseían más atractivo para mí, dada mi juventud.

Fue por esas fechas cuando viví mi segunda experiencia en la cárcel. Las circunstancias fueron muy peculiares y nada respetables, al revés de lo ocurrido en Washington. Por entonces andaba en compañía de unos cuantos I.W.W., cuya sede se hallaba en la West Madison de Chicago. Cruzando la calle, enfrente de su imprenta, había una antigua pensión en la que vivían muchos de ellos y los Wobblys[2] solían tener siempre en el fuego una olla podrida. Se suponía que cualquiera que se pasara por allí contribuía a ella con un puñado de zanahorias, un poco de carne o unas libras de patatas. Esta costumbre se repetía semana tras semana y, cuando estaban escasos de fondos, los chicos iban pidiendo por las tiendas del barrio. Los que disponían de dinero se ocupaban de los que no lo tenían y existía un sano espíritu de camaradería. Su lema era «si se hace daño a uno, se hace daño a todos», y su sentido de la solidaridad se extendía a los detalles del modo de llevar una casa.

_____

[2] Con ese nombre se conocía a los Industrial Workers of the World (I.W.W.).

Una de las chicas que conocí había crecido en los reformatorios y convivido con delincuentes. Era carterista y solía robar en las tiendas, lo que le valió muchas temporadas en la cárcel. Aunque en alguna ocasión había consumido drogas, estaba desenganchada. Por entonces vivía un amor no correspondido con un periodista.

Un día abrí el periódico y leí que estaba ingresada en el hospital municipal por ingerir cloruro de mercurio. Consiguieron salvarle la vida y, en cuanto le dieron el alta, se fue directamente al piso de los I.W.W., donde sabía que la acogerían. Por la noche me acerqué a verla y a llevarle algo de comida, con intención de quedarme a dormir con ella. Seguía enferma y muy deprimida, y no demasiado satisfecha de que le hubieran evitado la muerte.

Nos habíamos desvestido y estábamos metiéndonos en la cama cuando llamaron a la puerta e irrumpieron en la casa cuatro hombres, informándonos de que estábamos bajo arresto por alojarnos en un prostíbulo. Ser arrestada en las calles de Washington o serlo cuando estás acostada en una pensión del West Side de Chicago son dos cosas completamente distintas. En el primer caso, contaba con el apoyo moral de las sesenta o setenta mujeres detenidas a la vez que yo, y la acusación que formularon contra nosotras —obstrucción del tráfico— era de tipo administrativo. Esta vez estábamos solas. El hecho de que se estuvieran produciendo en Chicago redadas y detenciones indiscriminadas en todas las sedes de los radicales no mejoraba nada las cosas. No podíamos sentirnos parte de un movimiento sometido a persecución. Quizá no nos habían adoctrinado lo suficiente.

No se nos había ocurrido pensar en la inconveniencia o la falta de decoro que suponía alojarse en una pensión de West Madison Street. De hecho, era una desafortunada casualidad que en ese momento solo la ocuparan hombres, ya que en otras ocasiones habían convivido en ella hombres y mujeres y algunos matrimonios. Seguía siendo igual de malo que dos jóvenes fueran arrestadas por cuatro hombres no uniformados que, por temor a que intentáramos escapar por la escalera de incendios, se negaron a salir de la habitación mientras nos levantábamos de la cama y nos vestíamos. Era la época de las redadas rojas de Palmer, tiempos de persecución en los que ningún radical estaba a salvo. No obstante, conviene recordar que esta clase de hechos se sigue produciendo hoy. Hace unos años, durante la huelga de los trabajadores del Hotel Commodore, a las chicas arrestadas se las acusó de un delito contra la moral pública y se las encerró en celdas de detención. Los trabajadores heridos el año pasado durante los disturbios de la Republic Steel fueron detenidos en las camas del hospital.

Después de salir de la casa acompañadas de unos cuantos hombres y vernos obligadas a esperar en una esquina al lado de los policías la llegada de un furgón, nos trasladaron a la comisaría de West Chicago Avenue. Casi todos los hombres habían conseguido escapar por las ventanas y la escalera de incendios. Fueron más espabilados que nosotras, conscientes de que cualquier centro de reunión de los radicales estaba expuesto a este tipo de asalto. Era culpa nuestra, que conocíamos lo que sucedía todos los días, no haber previsto que podía ocurrirnos a nosotras. Nos ficharon como ocupantes de un prostíbulo. No nos permitieron usar el teléfono para ponernos en contacto con un abogado o con nuestros amigos, a pesar de que la ley contemplaba ese derecho.

Nos metieron en una amplia celda con seis camas: una de ellas la había dejado toda manchada la reclusa en estado de embriaguez que la había ocupado antes que nosotras. No había sábanas ni almohadas, tan solo un colchón sucio. Estábamos a mitad de verano, así que no teníamos más que nuestra propia ropa para echarnos por encima a modo de sábana. Nos quitamos los zapatos, las medias y el vestido y nos volvimos a acostar con intención de dormir. Nos sentíamos extrañamente desnudas y expuestas a la vista de todo el mundo, vestidas solo con la combinación frente a los barrotes de la puerta, que daba a la oficina de admisión a la que continuaron llegando toda la noche policías y hombres de paisano con más detenidos. Mientras se llevaba a cabo la redada en la pensión de West Madison Street, se produjeron muchas otras en casas *bona fide* del barrio «rojo» de Chicago. Toda la noche estuvieron metiendo mujeres en nuestra celda, hasta que muy pronto llegamos a ser cerca de veinte. No había más que seis camas individuales. Para evitar que se les arrugara la ropa, las chicas se quitaban el vestido y la combinación. Para ellas solo eran gajes del oficio. Pese a que estaban semidesnudas, no dejaban de acercarse corriendo a los barrotes de la puerta.

Al principio, la situación me asqueó y me llenó de vergüenza: vergüenza porque me habían tratado como a una delincuente y hecho sentir culpable del delito por el que me habían detenido. Pero qué otra cosa se podía esperar, pensaba para mí con amargura, en el sistema social en que vivíamos; y recordaba las palabras de Debs: «Mientras haya una clase inferior, yo pertenezco a ella; mientras haya criminales, yo soy uno de ellos; y mientras haya un alma en prisión, yo no soy libre».

Después de mi inicial estupor ante lo sucedido, pude tumbarme en el borde del catre y observar a mis compañeras de celda. Aquellas chicas no me parecían diferentes de cualquier grupo de trabajadoras, obligadas a recurrir a un modo tan espantoso de ganarse la vida. A dos de ellas las habían cogido en la calle; el resto procedía de la misma casa. Algunas tenían hijos a su cargo y pagaban su manutención en escuelas rurales o en pensiones situadas fuera de la ciudad. La prohibición de utilizar el teléfono me hacía sentirme especialmente desamparada. No podía comunicarme con el exterior y el encierro me resultó mucho peor que los seis días de aislamiento en Occaquan. Estuvimos allí esa noche y todo el día y la noche siguientes.

No nos dieron nada de comer. Se suponía que había que comprarle la comida a la matrona de la prisión. Un bocadillo y una taza de café costaban un dólar, lo mismo que un paquete de cigarrillos o una baraja de cartas. De no ser por las demás reclusas, habríamos desfallecido de hambre. Yo solo disponía de dos dólares y Anna, mi compañera, no tenía dinero. El resto de las prisioneras compartieron con nosotras sus bocadillos y nos abastecieron de café.

Como yo estaba enfadada y guardaba silencio, una de las chicas, identificada como la dueña del establecimiento —aunque probablemente no tuviera más de veinticinco años—, insistía en consolarme por lo que pensaba que era mi primera experiencia. «Siempre hay una primera vez», me dijo, y me señaló a una de sus chicas, que también lo estaba pasando muy mal.

A lo largo de aquel día interminable, trajeron también a tres niños que se habían perdido. La cárcel estaba tan abarrotada que la matrona los metió en nuestra celda. Las chicas, que no habían mostrado ningún pudor entre ellas ni delante de la policía, tuvieron el detalle de no quitarse la ropa mientras los niños estuvieron con nosotras. Una de ellas se sentó con un crío en brazos y lo acunó para que se durmiera, mientras les decía a los demás que no hicieran ruido. Entrada la noche, metieron a una niña que habían encontrado en un portal y que decía que se había perdido. Al final resultó que tenía auténtico pánico de volver a casa, porque se había comprado una cartera con el dinero que su tía le había dado para hacer la compra: una niñería imprudente que le estaba costando muy cara. Las chicas la convencieron de que les diera su nombre y su dirección para avisar a su familia. Luego una de ellas le metió en la cartera nueva un pañuelo limpio, un poco de colorete, un lápiz de labios y polvos de maquillaje, junto con el dinero que se había gastado, y le dio a la tía una lección del cariño con que debía tratar a la pequeña ladrona. «No logrará nada castigándola», le dijo. «Con los niños hay que ser cariñoso. Hay que quererlos. Es la única manera de conseguir algo de ellos». Eso no quitaba para que a veces se mostraran también terriblemente vulgares y groseras.

Yo había leído muchas cosas sobre la vida en la cárcel y coincidía con Tolstoi en que castigar de ese modo a los delincuentes no valía de nada: también nosotros, culpables de permitir que existiera un sistema como el nuestro, deberíamos sufrir la condena por los delitos que cometían esos desgraciados. Todos formábamos parte de un cuerpo, un cuerpo social, y ¿cómo es posible que un miembro de ese cuerpo cometa un delito en solitario?

Nos fotografiaron y nos tomaron las huellas dactilares, y por fin nos llevaron al juzgado que se ocupaba de los delitos contra la moral pública. Antes de meternos en el calabozo, comprobaron si padecíamos enfermedades venéreas. Cuando arrestan a hombres en una redada roja, la policía puede desplegar su brutalidad con porras y mangueras de goma; puede manifestar su desdén y su desprecio hacia quienes intentan «socavar» nuestro sistema a patadas y golpes, hasta que sus víctimas se convierten en un vil y tembloroso amasijo de carne. Pero con las mujeres son más caballerosos. Tienen un modo más sutil de herir su sensibilidad. Pueden acusarlas de ser prostitutas, someterlas a exámenes físicos humillantes y ponerlas en compañía de quienes, en su opinión, las degradarán. Sin embargo, durante aquella experiencia no fueron las mujeres las que me causaron más repulsión, sino la policía y la matrona. Las chicas no me desagradaban, aunque sí su profesión. Como seres humanos, quizá fueran superiores a sus captores. No había en ellas orgullo ni hipocresía.

Afortunadamente, cuando comparecimos en la sala ante el juez —quien, por supuesto, estaba convencido de que éramos culpables y así nos hizo sentirnos—, me encontré con un periodista al que conocía. Las chicas nos habían ofrecido a sus abogados y nos aseguraron que pagarían la fianza. No sin agradecimiento, rechacé su ayuda. Pensaba que no debía utilizar los métodos legales más rastreros para recobrar la libertad, aunque, a la larga, no hubo demasiada diferencia. Mi amigo periodista tuvo que recurrir a un juez conocido suyo para que firmara nuestra puesta en libertad, así que siguió sin gustarme nada que me soltaran de ese modo. Hubiera preferido pasar diez días en Lawndale Hospital y cumplir la condena que me pusieran. ¿Qué derecho tenía de aprovecharme de la amistad de quienes manejaban el poder?

Aún pasamos otro día más en la cárcel antes de salir de allí, porque era sábado y el juez estaba jugando al golf. Las chicas con las que habíamos convivido los últimos días intentaron dejarnos dinero antes de irse, tan contentas, y nos costó rechazarlo sin que se ofendieran. Les aseguramos que nos soltarían enseguida. Tuvimos que pasar unas cuantas horas sentadas en el calabozo, a la espera de que todos los presos, hombres y mujeres, comparecieran ante el juez. O bien nos trasladarían a Lawndale Hospital, adonde enviaban a las reclusas durante un periodo de diez días, como si estuvieran en cuarentena, o bien a la cárcel del condado. Cuando por fin nos llevaron al furgón policial junto con unos cuantos presos esposados y cubiertos de sangre, me encontré con un comunista amigo mío enfrente del edificio de la sede del condado. Se quedó horrorizado al ver que me metían en el furgón de la policía y se pasó el resto del día haciendo gestiones para que me soltaran.

Nos llevaron a la cárcel del condado y, una vez más, nos tuvimos que desnudar y someternos al examen de la matrona.

Luego nos entregaron los uniformes de la prisión y nos asignaron las celdas, que estaban distribuidas alrededor de una sala de recreo formando un bloque. Las ventanas de las celdas daban a la calle y, si te asomabas, podías saludar a los amigos que estuvieran abajo. Yo ya había escrito más de una vez denunciando aquel bloque de celdas tan lamentable, y en una ocasión vi a una mujer de pie, subida en el zócalo, saludando con la mano a un hombre que estaba dos pisos más arriba mientras las lágrimas le corrían por las mejillas.

La mujer de la celda contigua a la mía era una drogadicta que se pasó toda la larga tarde de verano entre gritos y aullidos, suplicando que acabaran con aquella tortura. No paró de golpearse la cabeza contra la pared hasta que le pusieron una camisa de fuerza, pero tampoco hicieron nada por darle tratamiento médico.

Allí el sistema consistía en alternar dos horas de encierro con dos horas de libertad en la sala de recreo, donde las mujeres se sentaban a leer o a jugar a las cartas, o se preparaban un té en un pequeño infiernillo, utilizando sus propias provisiones para reforzar la cena. Llegado ese momento, la drogadicta se había calmado lo suficiente para salir, hecha un despojo desquiciado y tembloroso. Pero, a los quince minutos de abandonar la celda, su aspecto era perfectamente normal. Anne, mi compañera, me comentó que siempre había droga circulando entre las presas, y que probablemente alguna se había apiadado de ella y le había suministrado un poco.

Por fin nos enteramos de que éramos libres. La matrona de la prisión nos devolvió la ropa y recuperamos la libertad. Nos parecía llevar años alejadas del natural devenir humano y que habían pasado siglos desde nuestra detención, ocurrida unas cuantas noches antes. Más tarde me enteré de que los esfuerzos de mi amigo radical habían sido vanos y que debía mi libertad a la amabilidad de aquel conocido mío periodista.

Pasé una temporada trabajando en Chicago con Robert Minor en el *Liberator*. Minor era un antiguo miembro de los I.W.W., convertido a la causa comunista después de todo un verano de lecturas y estudio. Su ex-esposa me dijo que fue una dura experiencia tomar la decisión de abandonar la organización con la que estaba comprometido para entrar en otra. Para quien no lo conoce, cuesta comprender el resentimiento que existe entre los trotskistas, los comunistas, los socialistas, los I.W.W. y los anarquistas. En ocasiones, la animosidad hacia sus camaradas radicales es mayor aún que hacia las clases consideradas burguesas y capitalistas. Al abogar por un frente popular, Lenin había advertido a menudo en contra de ese resentimiento, señalando que, a pesar de los desacuerdos filosóficos fundamentales entre los diferentes grupos, para ganarse a las masas debían esforzarse por trabajar juntos por unos objetivos sociales inmediatos.

La primera vez que oí hablar de Bob Minor este trabajaba en California, en el caso Mooney. Pese a que hacía mucho que se había convertido en un famoso humorista gráfico, muy bien pagado por los periódicos capitalistas, sacrificó su bienestar personal y una vida desahogada por la causa obrera. Cuando yo estaba en el antiguo *Masses*, Max Eastman solía escribirle una y otra vez pidiéndole viñetas, pero él renunció a su trabajo para defender la inocencia de Mooney.

En aquella época, mi hermana estaba en Chicago conmigo y, por motivos personales, a mitad de invierno decidimos trasladarnos a trabajar a Nueva Orleans. Vivíamos en St. Peter Street, enfrente del Cabildo y de la Catedral. Yo encontré trabajo en un periódico matutino, *The Item*, y ese invierno me dediqué exclusivamente al periodismo, escribiendo entrevistas y reportajes de interés humano. Muchas tardes tenía trabajo que hacer, pero, cuando no era así y oía las campanas de la catedral llamando a algún acto vespertino, solía entrar en el templo. Fue la primera vez que asistí a una Bendición y me causó una profunda impresión. Solamente la devoción que reflejaba la postura corporal de quienes estaban allí ya me hacía inclinar la cabeza. ¿Percibía tal vez una Presencia? No lo sé. Pero sí recordaba estas palabras de la *Imitación:*

«¿Quién, llegando humildemente a la fuente de la suavidad, no vuelve con algo de dulzura? ¿O quién está cerca de algún gran fuego, que no reciba algún calor?» (Libro IV, capítulo IV).

Quería saber qué decían los himnos de la Bendición y compré un librito de oraciones en una tienda de objetos religiosos de esa misma calle, un poco más abajo. Leía la Misa. Por las mañanas tenía que estar en el trabajo en torno a las siete y los domingos estaba demasiado cansada para levantarme temprano. Pero ese librito me enseñó muchas cosas. No conocía a ningún católico en Nueva Orleans. Si alguno de mis conocidos lo era, siquiera de nombre, no me lo dijo. Nadie me habló de ese tema. Pero mi piedad era sincera y continué haciendo «visitas».

Con mi hermana y conmigo vivía otra chica que hoy es secretaria de la Liga por la Democracia Española de Chicago, un partido de filiación comunista. Esas Navidades, llevada de su buen corazón, me regaló un rosario y aprendí a rezarlo durante los actos que se celebraban por la tarde en la catedral. Ella era una judía rusa y no entendía mi interés por la religión católica: su única intención fue regalarme algo que pensaba que me gustaría. No la he vuelto a ver desde ese invierno, pero siempre la recordaré con cariño y agradecimiento.

Esa primavera tuve un golpe de suerte que significó un profundo cambio en mi vida. Durante uno de aquellos ajetreados años, escribí un libro, un libro pésimo, que compró una productora de cine. No tengo ni idea de sus motivos, porque nunca llegó a hacer nada con él. Probablemente no fue más que una de esas compras extravagantes destinadas a evitar que lo produjera otra compañía cinematográfica. Nos pagaron lo que para ellos era una suma muy pequeña y para mí inmensa: cinco mil dólares, de los cuales la editorial se quedó con dos mil.

Mi reacción fue la de tantos otros radicales: por fin podría tener una casa propia, un lugar tranquilo en medio del campo donde dedicarme a estudiar y escribir, con la mínima seguridad necesaria para hacerlo. Prácticamente todos mis amigos habían sucumbido a la tentación de la propiedad privada. Max Eastman y Floyd Dell tenían sendas casitas en Croton, Nueva York. También Jack Reed tenía la suya. Muchos antiguos directivos de *Masses* habían comprado antiguas granjas. Más tarde, Mike Gold y Manuel Granich compraron también una casa en la playa, cerca de la mía, y quienes no podían permitirse tener una en propiedad, la alquilaban para pasar el verano o los fines de semana a las afueras de Nueva York o de Chicago. A mí no me atraían ni Nueva Yersey ni Long Island. Pero quería estar junto al mar, así que compré una casita con una parcela de ciento cincuenta metros cuadrados en Raritan Bay, en Staten Island.

Cuando era pequeña, mi hermana y yo solíamos tomar notas en uno de esos libritos con las páginas en blanco que regalan las editoriales y que conseguíamos de vez en cuando. Pensábamos que anotar las cosas buenas las hacía durar más, mientras que anotar las penas les quitaba dramatismo y amargura. A veces, a medida que íbamos escribiendo sobre algo que nos preocupaba, el problema se resolvía.

Hacía mucho tiempo que esos primeros diarios habían desaparecido, algunos de ellos destruidos por mí misma. Pero, cuando me trasladé al campo y, meses después, comencé a vivir con un hombre, tenía tanta paz y era tan feliz que retomé esa costumbre.

Curiosamente, se trataba de una paz en lucha consigo misma. Era feliz, pero esa misma felicidad me hacía pensar que la vida podía proporcionarme otra aún mayor que cualquiera de las que había conocido hasta entonces. Comencé a leer, a reflexionar, a meditar, y sé por mis diarios que fue en aquella época cuando empecé a rezar de verdad.

La etapa de mi conversión me parece tan alegre y llena de encanto que me gustaría escribir sobre ella con detalle y recoger el aroma, la atmósfera y los sentimientos de aquellos días.

Lo que viene a continuación está tomado de los muchos diarios que escribí, especialmente los primeros largos inviernos de esos pocos años que viví en el campo.

10.
PAZ

Octubre de 1925

Las playas de Nueva York cambian todos los años, aunque lo hacen tan poco a poco que solo lo notas de un año para otro. La línea de costa que hay junto a nuestra casita, un poco más abajo, es irregular, llena de pequeñas calas y riachuelos que discurren tierra adentro cada pocos kilómetros. Los embarcaderos y espigones que han construido se llevan lejos la arena o la acumulan en montones. Hace unos años, una tormenta destrozó un pequeño espigón situado a quinientos metros de aquí, en una zona de mar abierto, así que la arena ha desaparecido de nuestra playa y se ha depositado en la de al lado.

Esto ha dejado un amplio espacio cubierto de rocas de distintos colores y moteadas de algas verdes y rojas. Para los niños es un paraíso, aunque les cuesta andar descalzos. Pero pronto se acaban acostumbrando y son capaces de caminar con agilidad entre las piedras, en busca de toda clase de cangrejos, pececillos y anguilas atrapados en las pozas cuando baja la marea. De vez en cuando descubro una langosta, una nécora o una anguila grande; y, por supuesto, hay killis, caracolas y cangrejos ermitaños que recogemos para coleccionarlos.

Los recolectores de cebos llegan de varios kilómetros a la redonda: son gente mayor, enjuta y curtida. Muchos se pasan horas inclinados sobre sus rastrillos buscando lombrices y sanguijuelas grandes que venden a cincuenta centavos la docena. Estos hombres silenciosos y entrados en años se traen el almuerzo y a mediodía buscan un lugar resguardado donde comer y descansar. Yo salgo a su encuentro y cojo las almejas cuando van a reanudar su búsqueda de lombrices.

Las gaviotas, de un color azul grisáceo y un blanco deslumbrante, chillan mientras sobrevuelan las rocas, abriéndose paso con sus alas desde los restos de un viejo bote hasta las rocas más grandes sumergidas en el agua, y se zambullen en esas aguas grises y poco profundas en busca de algún pez. En estos días otoñales los únicos sonidos que se escuchan son los de las olas y las gaviotas, y los graznidos de los cuervos en los bosques que se extienden detrás de la casa.

Los días de calma las olas se deslizan entre risas y gorjeos, se persiguen y se adelantan unas a otras, caminando de lado como los cangrejos, coronadas por una cresta de plumas blancas que las recorre velozmente hasta que se estrellan contra los guijarros de la playa.

A ambos lados de la playa, lejos de nuestra pequeña cala, las olas procedentes del océano rompen sobre la arena una y otra vez con aire amenazador. Junto a nuestra casa, sin embargo, a menos que se desate una tormenta, son suaves y juguetonas.

Todas las tardes recorro varios kilómetros de playa, recogiendo los mejillones enredados entre las algas que se desprenden de los embarcaderos, con los bolsillos llenos de conchas que tintinean y parecen hechas de nácar y bronce: pequeñas conchas que deja la marea al bajar y que aún conservan unas gotas de agua.

La casa está amueblada con sencillez. Tengo una estufa de madera de deriva en un rincón, un montón de libros, unas sillas y unos sofás confortables. Mi escritorio está junto a la ventana, desde donde puedo contemplar el mar todo el día. De las paredes cuelgan los frutos de mi cosecha: cangrejos de herradura y cangrejos araña, el caparazón de una enorme tortuga marina, caramujos que parecen tirabuzones postizos, varias cabezas de peces disecadas, tablones cubiertos de estrellas, caballitos y agujas de mar, y lijas. Todo lo he recogido yo en las pequeñas pozas que deja la marea al bajar.

* * *

Aquí, cerca de donde acaba Staten Island, nuestro vecindario es internacional. En la playa, más abajo, vive una pareja belga, y a nuestro lado, en un antiguo hotel, una italiana de Bleecker Street que admite huéspedes en verano. El tendero y el ferretero son irlandeses. En nuestra pequeña colonia hay otras cinco casitas: dos son de familias católicas y otra de una viuda descendiente de alemanes. Las otras están ocupadas por amigos míos que se instalaron aquí después que yo: son judíos rusos y rumanos.

Abajo, en la playa, en una pequeña cabaña, vive un pescador raquero que es amigo de todo el vecindario. Su casa mide seis metros cuadrados, lo suficiente para que quepan una cama, una estufa y una silla, y no la desocupa ni en invierno ni en verano.

—Soy muy feliz así —dice—. «Smiddy», me dice todo el mundo, «¿por qué no te decides a trabajar este invierno y me pintas tal cosa?». Pero ¿qué ocurre cuando me pongo a trabajar? La primavera pasada le pinté la casa a Cleary y me bebí el licor que tiene reservado para venderlo. Cuando acabé, no vi un solo centavo: al contrario, me pasó una factura de diez dólares. No me conviene tener dinero. Lo sé. Puedo vender pescado y almejas a cambio de comida y aceite. ¿Qué más necesito?

Y mueve los brazos efusivamente alrededor de él, señalando las cosas buenas que tiene su vida.

Su cabaña está ordenada, con las trampas para coger cangrejos, las horcas para las almejas y todos sus aparejos de pesca colgando del techo.

Me siento en la arena delante de su cabaña en una tumbona que me tiene reservada y me quedo mirándole mientras cocina. Esta tarde el delicioso aroma de unas setas fritas perfumaba el aire. Nos pasamos tardes enteras en el campo recogiendo montones de ellas. Hoy ha soplado un viento frío, pero íbamos muy abrigados y lo hemos pasado bien escudriñando entre la hierba seca. Al principio me costaba distinguirlas de los numerosos guijarros blancos que salpican el terreno.

Smiddy tenía colocadas algunas langosteras y, cuando las ha sacado esta mañana, había langostas y unos cuantos cangrejos. Además de todas estas *delicatessen*, hay una enorme sartén llena de patatas y otra de pescadillas: este otoño son tan gordas que hay que transportarlas en canastas grandes. Yo las conservo en salazón.

A última hora de la tarde se ha calmado el viento; Smiddy ha dejado abierta la puerta de la cabaña y se ha sentado ahí a contemplar la puesta de sol. Las olas lamían la orilla, tintineando entre las conchas y los guijarros, y en el aire había un intenso olor a humo. En la playa los belgas estaban atareados, cargando rocas en un carrito que parecía un chirrión, tirado por un caballo blanco escuálido. Se han inclinado, como si estuvieran rezando, recortados contra el resplandor del cielo; y, cuando los estaba mirando, ha sonado la campana de la capilla de St. Joseph llamando al ángelus. Yo también me he puesto a rezar, una oración de acción de gracias, con los ojos abiertos, contemplando a los que trabajaban en la playa y cómo se escondía el sol, y oyendo el sonido de las olas y los chillidos de las gaviotas blancas.

—¿Café? —me ha preguntado Smiddy.

He aceptado el tazón que me tendía y le he dado un mordisco a una gruesa rebanada de pan untada de mantequilla y cubierta de setas fritas.

Más tarde, esta noche, se ha vuelto a levantar viento, silbando alrededor de la casa, y el mar se oye más cerca. Ahora me quedo leyendo hasta tarde, me despisto y el fuego se apaga, así que me tengo que meter en la cama para entrar en calor, sujetando el libro con las manos congeladas.

15 de octubre

Algunos huéspedes de la señora Mario *todavía* siguen en su casa: entre otros, una madre con varias niñas.

Esta mañana, de pie junto a las escaleras que bajan a la playa —estaba todo demasiado mojado para sentarse— y apoyada en el pino seco, observaba cómo izaban las velas de una nave de cuatro palos. Hacía buen día y un resplandor nacarado rodeaba el mar, el barco y el cielo. Había estado lloviendo toda la noche; las olas eran altas y caían en avalancha con el sonido de una catarata, de un torrente constante de agua. La bajamar había destapado las rocas cubiertas de algas. El rancio olor del mar era intenso y grato. Entonces el llanto de un niño ha roto el silencio y he visto a la señora italiana que tiene cuatro hijas corriendo escaleras abajo en dirección a la playa, con una vara en la mano. Una de las niñas acababa de salir corriendo de la casa y se había refugiado en la arena.

He reconocido el llanto de la pequeña Dorrie y me ha recorrido una oleada de rencor hacia su madre y hacia las otras tres niñas que la seguían excitadas, con ese perverso nerviosismo que se apodera de muchos niños cuando ven sufrir a otro.

¿Por qué no dejaba a la niña en paz allí abajo, en el espigón, desahogando su pena, su ira o lo que quiera que fuese? Pero la niña continuaba ahí de pie, chillando al ver a su madre acercarse a ella con una vara, y en su llanto había una nota de amarga desdicha.

Mientras la mujer avanzaba por la playa a grandes zancadas, a su espalda el viento hinchaba su chal color cereza. Después de golpear a la niña con la vara, cruzó la playa hasta llegar a la casa, donde se sentó con el resto de las niñas que la habían seguido regodeándose. De vez en cuando, una de ellas se acercaba a Dorrie para decirle algo, pero esta la rechazaba y continuaba llorando.

No podía soportarlo más y he entrado en casa en busca de algo que darle a la niña. En una de las estanterías hay una pequeña imagen de la Virgen que me regaló Peggy Baird. Es de cera y está dentro de un fanal. Una amiga suya que no es católica (Peggy tampoco lo es) la trajo de Checoslovaquia y a mí me encanta. Lleva una capa azul brillante encima de una túnica blanca con un fajín y un ribete dorados en el cuello y en el dobladillo. El cabello rubio, también de cera, le cae sobre los hombros. En la cabeza tiene una guirnalda de rosas y, prendido en ella, un aro dorado en forma de muelle de reloj. Está de pie sobre una esfera azul del mismo color que la capa, con una serpiente verde brillante enroscada alrededor que sujeta en la boca una manzana roja y amarilla. La esfera azul va colocada encima de una hierba con forma de fideos verdes y rodeada de una guirnalda de pequeños capullos de rosa. Es muy bonita, pero muy frágil: ya está rajada por detrás, debajo de la capa.

Me habría gustado mucho bajársela a Dorrie para consolarla, pero había demasiada gente. Mannie y Mike acababan de subir de la playa y estaban inclinados sobre el estanque del jardín, donde habían metido varios kittis, una o dos anguilas y un bonito agujón. Nikolai, con una chaqueta gruesa abotonada hasta la barbilla, intentaba que un gusano de arena le mordiera la nariz al gato y enseñara las pinzas. La madre y las tres niñas también estaban delante de la puerta del hotel. No, demasiada gente. Además, puede que la niña no la quisiera; o, si no, puede que estuviera de mal humor y rehusara cualquier muestra de simpatía.

¿Y si le daba un golpe y la tiraba? Me gusta demasiado para correr ese riesgo. De pronto pensé que es mi posesión más preciada. Y me daría mucha pena que la niña la rechazara. ¿Son este tipo de pensamientos los que dominan nuestros impulsos humanos?

Así que he vuelto a la cocina dando un suspiro, a coger queso y una tostada; y, cuando he vuelto, Dorrie había dejado de llorar y de frotarse las piernas doloridas, y estaba inclinada encima del acuario con Nick.

Noviembre

Madre me ha enviado unos cuantos libros del instituto (ahora que tengo dónde guardarlos) y el otro día me encontré con estas palabras, escritas con mi letra en un pedazo de papel desvaído. No recuerdo haberlas escrito.

«La vida sería totalmente insoportable si pensáramos que no vamos a ninguna parte, que no tenemos nada que esperar. El mayor regalo que nos puede hacer la vida es la fe en Dios y en un más allá. ¿Por qué no la tenemos? Quizá porque, como todos los regalos, hay que pelear por ella. "Creo, Señor" (o, más bien, "tengo que creer o desesperar"), "ayuda mi incredulidad". "Arráncame el corazón de piedra y dame un corazón de carne".

Resulta interesante observar que estas peticiones son imperativas. Parece que Dios espera de nosotros que reclamemos estas cosas como si fueran un derecho, y no implorando un favor. "Danos hoy nuestro pan de cada día", y no: "Te pedimos que nos des el pan".

En cuanto a los ejercicios religiosos ¿no son una tontería? Sin embargo, para fortalecer el cuerpo, hace falta ejercicio físico, disciplina y esfuerzo. ¿Por qué no va a haber un ejercicio para el alma? Un ejercicio que hay que hacer se quiera o no, automáticamente al principio, si es preciso: con esfuerzo, a tientas, si es así como nos sentimos, pero hay que hacerlo».

Escribí estas líneas cuando tenía una urgente necesidad de fe, pero había demasiada gente en mi vida, demasiada actividad, demasiado placer (no felicidad).

He pasado algunos años de inquietud y de luchas, de belleza y fealdad, días e incluso semanas de tristeza y desesperación, pero a veces han existido también la serena belleza y la felicidad que ahora poseo. Todos estos años creí que era libre; ahora me parece que no era libre de verdad, que ni siquiera me sentía libre.

Y en este momento, igual que de niña, estoy encadenada, atada a un lugar, sin posibilidad de hacer la maleta e ir de un extremo a otro del país, de un trabajo a otro. Estoy encadenada porque voy a tener un hijo. Por mucho que a veces desee rehuir mi tranquila existencia, no puedo ni podré hacerlo durante varios años. Tengo que aceptar la calma y la inmovilidad y, al aceptarlas, disfrutar de ellas.

Durante mucho tiempo pensé que no podría tener un hijo. En un libro que leí hace años en la escuela, *Silas Marner*, en el que se expresaba el dolor de una madre despojada de su hijo, se expresaba también mi dolor por no tenerlos. Hace unos meses volví a leerlo, deseando un hijo con todo el corazón: sin él, pensaba, mi hogar no es un hogar. Las sencillas alegrías de la cocina, del jardín, de la playa traían consigo tristeza, porque no tenía su compañía. Por mucho que te amen o por mucho que ames, sin un hijo ese amor está solo. Está incompleto.

Y ahora sé que voy a tener un hijo.

Sigue noviembre

El otro día pensaba en lo mal que rezamos. Muchas veces, cuando recito el padrenuestro, me encuentro diciendo de memoria las cuatro primeras frases, pero con el corazón puesto en la última, pidiendo el pan, la gracia y el perdón. Este egoísmo me avergüenza tanto que vuelvo al principio para dar gracias: «Santificado sea tu nombre. Venga a nosotros tu reino». A veces no rezo ninguna otra oración.

Me sorprende el hecho de haber empezado a rezar a diario. Empecé a rezar porque tenía que hacerlo. No puedo arrodillarme, pero sí puedo rezar mientras camino. Si me arrodillo, pienso: «¿Creo realmente? ¿A quién estoy rezando?». Y me asalta una duda terrible y un sentimiento de vergüenza, y me pregunto si rezo porque estoy sola, porque no soy feliz.

Pero, cuando subo caminando al pueblo a recoger el correo, me encuentro rezando otra vez, con el rosario que me regaló Mary Gordon hace dos años en Nueva Orleans en el bolsillo, agarrada a él. Quizá no lo rezo bien, pero sigo haciéndolo porque me siento feliz.

De pronto me digo con desprecio: «Mírate, en un estupor de felicidad. Te dejas llevar por la biología. Igual que las vacas. Para ti la oración es como el opio del pueblo». Y en mi mente se repite burlonamente esta frase una u otra vez: «La religión es el opio del pueblo».

«Sin embargo», me razono a mí misma, «rezo porque soy feliz, no porque sea desgraciada. No me vuelvo a Dios en la desdicha, en el dolor, en la desesperación, ni para hallar consuelo, para obtener algo de Él».

Y, animada por la idea de que lo que quiero es darle gracias, sigo rezando. Por muy gris que esté el día, por largo que se me haga el camino, si me siento mal cuando echo a andar, las palabras se insinúan en mi corazón antes de que yo las diga, y cuando emprendo el regreso ni rezo ni pienso, pero estoy exultante.

En la playa la oración que me parece más apropiada es el *Te Deum,* que aprendí en la escuela episcopaliana. Cuando estoy ocupada trabajando en casa, me encuentro dirigiéndome a la Virgen y mirando su imagen.

Es difícil decir cómo ha ido creciendo en mí este gusto por la oración. Hace dos años, mientras plantaba semillas en el jardín, pensaba: «Tengo que creer en estas semillas, que caen al suelo y de ellas brotan flores, rábanos y judías. Me parece un milagro, porque no lo entiendo. Tampoco lo entienden los naturalistas. El hecho de que utilicen tecnicismos simplificados no lo hace menos milagroso y todos admitimos el milagro. ¿Por qué no aceptar los milagros de Dios?».

Ahora voy a misa todos los domingos por la mañana.

Sigue noviembre

Estos días me he quedado sola. Fred está en la ciudad toda la semana, solo viene los fines de semana y alguna noche. He acabado lo que estaba escribiendo y no tengo nada que hacer, y pienso con envidia en mis amigos, que recorrerán felices la ciudad y trabajarán rodeados de gente.

Precisamente el estar inquieta es una buena razón para quedarme aquí y sentirme satisfecha con mi vida, como una ermitaña sibarita. Porque ¿cómo voy a ser una ermitaña de verdad con tantos lujos, como es el de esperar un niño, por no hablar del periódico de la mañana, el pedido de la tienda que me dejan en la puerta, una playa por la que pasear y el mar para alegrarme la vista? Y luego el pescado y las almejas frescas, las ostras y los mejillones, las alcachofas y demás delicias. Esta noche invitaré a Smiddy a cenar y hablaré con él de la pintura de la habitación. Por la noche leeré a Dickens.

* * *

Pese a mi deseo de pasar una semana mundana en la ciudad, pese al deseo de hacer la maleta y huir de mi soledad, me gusta pensar qué absurdos son los placeres de que disfrutaría si estuviera allí. Los tés y las cenas, la conversación o la falta de ella, bailar en una habitación abarrotada de gente y llena de humo cuando podría estar dando un paseo por la playa, el embotamiento y los inquietos pensamientos que acuden a ti después de agotar tus energías: estas cosas me asaltan con una fuerza renovada cada vez que paso unos días en la ciudad. Mi virtuosa decisión de no volver a caer en estos placeres va seguida de una horrible depresión cuando ni ese sentimiento religioso recién encontrado, ni la vida en familia, ni mi trabajo ni mi entorno parecen suficientes para consolarme. Pienso en la muerte y me invaden el terror y la oscuridad de la vida y de la muerte. Y suspiro por tener cerca una iglesia a la que poder acudir para elevar mi alma.

Cuando siento estas cosas, soy incapaz de escribirlas y, mientras las escribo, lo hago casi inconscientemente y me pregunto si no exagero, pero el estado de ánimo que se apoderó de mí ayer era absolutamente real y por la noche leí con desesperación, intentando rescatarme a mí misma del muro de silencio en el que me parecía estar encerrada.

Sin embargo, esto me hace comprender que muchas veces hablar es un modo de escapar de hacer cualquier cosa. Hablamos y hablamos para ocultar nuestros sentimientos y para escondernos a nosotros mismos y esconder ante los demás nuestra propia futilidad.

Naturalmente, a veces la conversación está llena de vida y me levanta el ánimo, igual que algunos libros. Me ayuda a vislumbrar el significado de las cosas y me saca de la rutina en que deambulo. Un renovado deseo de conocimiento me incita a buscarlo. Pero el problema de estas conversaciones es que no suelen ser espontáneas. Algunos amigos míos liberales, por ejemplo, quedan los sábados por la tarde o las noches de los jueves; la pequeña multitud que se reúne se siente parte de un grupo y la conversación a menudo me resulta pretenciosa y autosatisfecha.

Esta exaltación de la elocuencia oculta el hecho de que en este mundo hay millones de personas que sienten y, de alguna manera, siguen actuando valerosamente aunque no sean capaces de hablar o razonar con brillantez. Quizá estas mismas palabras encubran todas las cosas que ahora ignoramos, y quién sabe si ese silencio puede conducirnos a ellas.

Diciembre

Hoy el día está soleado y con bruma, y los barcos de la bahía parecen irreales, como si fueran fantasmas. El sol de la mañana hace que destaquen cada brizna de hierba, cada ramita seca, y la hierba del campo que hay junto a la casa no se mueve. Tan solo los estorninos rompen el silencio y, de vez en cuando, el lejano silbido del tren. Ni siquiera se escuchan las olas en la playa porque el viento viene de tierra.

Los gatos acaban de comerse una lija cada uno y se lanzan bufidos el uno al otro debajo del porche. Fred pescó la lija anoche en el embarcadero y la ha estado haciendo pedazos para examinarla por dentro. Por aquí nadie se las come porque piensan que no son aptas para el consumo, excepto la señora Mario, que nos ha asegurado que a todos los italianos les parecen deliciosas. Así que hoy vamos a probarlas a la hora de comer.

¿He dicho ya que la casa está en silencio? Justo en este momento se oye un sonido que llama aún más la atención en medio del sosiego. Fuera, en la alacena, hay un balde lleno de almejas que de vez en cuando desprenden líquido, y es como si jadearan y lanzaran suspiros.

* * *

Ayer estuvimos muy ocupados. Por la mañana nos pasamos cerca de una hora estudiando biología sobre una larva de mejillón. Por la tarde estuvimos mucho rato bordeando la costa a remo, deteniéndonos de vez en cuando a examinar los desechos que flotan en el mar. Es interesante observar la distinción que hace la Ley de Transporte Marítimo y que se hacía antes entre los restos de los barcos naufragados que flotan en el agua y los restos de lo que se arroja por la borda para evitar que los barcos naufraguen[1].

Fue un placer remar en medio de la tranquilidad de la bahía. Todos los barcos marisqueros estaban faenando y a lo lejos, en el horizonte, cerca de Sandy Hook, había un barco de cuatro palos. La vista me ha engañado y he creído ver que tenía varios agujeros enormes abiertos en un costado a través de los que se podía distinguir un cielo azul. El resto de los barcos parecían navegar en el aire, desentendiéndose del horizonte sobre el que, en buena ley, deberían reposar. Fred ha intentado explicarme algunos datos científicos sobre los espejismos y las

---

[1] La autora hace una distinción entre los dos términos de la expresión inglesa *flotsam and jetsam*. Dicha expresión suele utilizarse de forma genérica como «residuos flotantes», pero originariamente se distinguía entre *flotsam* («parte de los restos de un barco y de su carga que se encuentra flotando en el agua») y *jetsam* («objetos arrojados por la borda deliberadamente para aligerar un barco o aumentar su estabilidad en caso de emergencia»). No existen términos equivalentes en español.

condiciones atmosféricas, mientras que yo, por mi parte, le he comentado cómo nos engañan nuestros sentidos.

Pero es imposible hablar con él de religión o de la fe. Enseguida se levanta un muro entre los dos. El mismo amor a la naturaleza y al estudio de sus secretos que a mí me está acercando a la fe a él le separa de la religión.

11

UNA NUEVA VIDA

Mi hija nació en marzo, al final de un crudo invierno. En diciembre tuve que dejar el campo y alquilar un pequeño apartamento en la ciudad. Se estaba bien allí, cerca de los amigos, cerca de una iglesia en la que poder detenerme a rezar. Leía mucho la *Imitación de Cristo*. Sabía que iba a bautizar a mi hija en la Iglesia católica, por alto que fuera el precio. Sabía que no la iba a dejar dando tumbos durante años, como me había ocurrido a mí, entre dudas y vacilaciones, sin disciplina y sin moral. Creía que era lo mejor que podía hacer por un hijo. En cuanto a mí, pedía el don de la fe. Estaba y no estaba segura. Y posponía mi decisión.

En momentos como ese, ninguna mujer quiere estar sola. Hasta la más dura, la más descreída, se queda sobrecogida ante la maravilla de la creación. Por mucho cinismo, por mucha indiferencia que muestre la gente frívola frente al nacimiento de un niño, no deja de ser un acontecimiento extraordinario. ¡Dios se apiade de la mujer que no sienta el temor, el asombro y la alegría de traer un hijo al mundo!

Convertirme al catolicismo significaría enfrentarme sola a la vida y yo me aferraba a la vida familiar. Se me hacía difícil pensar en abandonar a mi pareja para que mi hija y yo pudiéramos entrar a formar parte de la Iglesia. Si abrazaba la fe, Fred no querría tener nada que ver con la religión ni conmigo. Así que esperé.

Esos últimos meses fui demasiado feliz para sentir la inquietud de la indecisión. Esperaba. Los días transcurrían lentamente, pero pasaban las semanas y cada vez faltaba menos. Dediqué algún tiempo a escribir, aunque por lo general no hacía nada; era incapaz de participar en reuniones, de ver a la gente, de retomar los hilos de mi vida pasada.

Y entonces nació mi pequeña y, con su nacimiento, llegó la primavera. Era tan feliz que me senté en la cama del hospital y redacté un artículo sobre mi hija para *New Masses*, deseosa de compartir mi alegría con el mundo entero. Disfruté escribiendo para una revista obrera, porque esa alegría la conocen todas las mujeres, sean cuales sean sus sufrimientos y sus necesidades, la falta de trabajo y la lucha de clases.

A mis amigos marxistas les gustó tanto el artículo que se reeditó en periódicos obreros de todo el mundo. Diego Rivera, a quien conocí en México pasados unos cuatro años, me felicitó por él. Y Walt Carmen, por entonces director de *New Masses*, me comentó que se había publicado en la prensa rusa y que en Moscú me aguardaban unos cuantos rublos.

En la sala del hospital, en la cama contigua a la mía, había una chica católica, una joven italiana que no tenía más de veintidós años y acababa de dar a luz a su tercer hijo. Padecía una dolencia cardíaca muy grave y poco conocida, y todos los médicos que la examinaban le decían que no podría tener hijos sin correr el riesgo de una muerte segura. Aun así, tenía tres niños. No había día que los médicos no se reunieran alrededor de su cama para examinarla, comentar las novedades de su enfermedad y lanzarle reproches por traer hijos al mundo. Varias veces se dedicaron a darle información sobre el control de la natalidad mientras ella los escuchaba con la vista baja, sin decir palabra. Los médicos pensaban que era retrasada y le repetían las instrucciones del modo más sencillo posible, dirigiéndose a ella como a los extranjeros que no saben inglés. Luego, cuando vieron en su historia que era católica, se mostraron irritados y se fueron.

—No les hago caso —me dijo—. Dios cuidará de mí. Sé que tengo que ser prudente. Vivimos en un bajo y nunca subo ni bajo escaleras. Y siempre cuento con la ayuda de mi suegra, así que no me pasará nada.

No le gustaba leer y se quedaba en la cama observando con interés lo que ocurría en la sala, ese pequeño mundo en el que estuvimos diez días felizmente recluidas.

—¿Cómo vas a llamar a tu niña? —me preguntó—. ¿Teresa? Yo tengo aquí una medalla de santa Teresita. Puedes quedártela si quieres.

Le dije que no creía en esas cosas y ella no se lo tomó a mal.

—Cuando aprecias a alguien, te gusta tener algún recuerdo suyo —dijo.

Avergonzada, acepté la medalla.

Después de salir del hospital, una gripe me obligó a retrasar el bautizo de Teresa. Como no era católica y no me había bautizado hasta los doce años, no compartía con las madres católicas esa inquietud, esa sensación de que el niño no ha nacido realmente hasta que no ha recibido el bautismo.

Cuando Teresa cumplió seis semanas de vida y yo aún estaba muy débil, nos trasladamos al campo. Aunque era abril, hacía frío, pero ya había entrado la primavera.

Todas las mañanas, después de dejar a Teresa en el porche soleado, bien arropada debajo de varias suaves mantas de lana, bajaba a la playa y, con ayuda de Smiddy, recogía la madera que me haría falta hasta la mañana siguiente. Los fines de semana, cuando estaba en casa, mi marido cortaba leña suficiente para varios días. Pero, en ocasiones, se levantaba un viento penetrante que se colaba en la casa; entonces necesitaba mucha leña y era un placer caminar por la playa, recogiéndola bajo un sol resplandeciente: olía a algas, a mar y a brea. Fuera hacía más calor que dentro de la casa y en el porche Teresa se hallaba bien protegida. A veces, por la tarde, la metía en el cochecito y recorríamos el bosque, contemplando y casi sintiendo brotar los capullos de entre sus cálidos abrigos. Los gorriones, los pájaros carpinteros, los gavilanes, los cuervos, los zorzales y, por supuesto, las gaviotas alegraban el aire con su clamor. En las ramas del pino seco, delante del porche, los estorninos no paraban de parlotear. Cogíamos capullos de azaleas, cornejos, sasafrás y ramas de manzano para decorar la habitación. Y lo mejor de todo es que aún había coles de mofeta moteadas de un verde brillante, de granate y amarillo, lo suficientemente pequeñas para montar con ellas y con unas cuantas piedras centros decorativos: nunca habían tenido tanto colorido como aquel año y, desde entonces, las he visto florecer en los pantanos una primavera tras otra. Las coles y las ranas anuncian que el invierno ha llegado a su fin, y tierra adentro se oye la voz de las golondrinas.

Algunos madroños seguían enterrados bajo las hojas y tenías que buscarlos minuciosamente, como si se tratara de un tesoro escondido. También había claytonias, lenguas de serpiente y dientes de león. En marzo del año anterior había estado plantando rábanos; este año, sin embargo, sustituí la jardinería por otras ocupaciones aún más gratas.

Cenaba pronto y, antes de que se pusiera el sol, ya había dejado a la niña plácidamente acostada. Entonces, al anochecer, cansada de todas las actividades que alegraban y llenaban mis días, me sentaba pletórica de felicidad. Fuera, docenas de nubes de lana rosada quedaban atrapadas en las copas de los nogales de la ladera; a sus pies se extendían flotas enteras de góndolas color lavanda, y detrás las oscuras sombras púrpura de la costa de Jersey. Sobre el mar plateado destacaba el negro de los faros. No había olas: tan solo algunas ondas, un festón recorriendo la playa dorada.

Al rato un tono humo ensuciaba el rosa de las nubes y las que lindaban con el horizonte se tornaban de un gris púrpura. Un brillo peculiar distinguía la plata del agua del cielo argentado. Más allá, a kilómetros de distancia, entre los árboles desnudos, parpadeaban, como la llama de una vela, las luces de una carretera.

Delante de la casa, la pradera amarillenta adquiría un tono más oscuro que la playa con su peculiar resplandor; y entre la pradera y la ladera que descendía hasta la arena, se alzaban con gallardía la maleza seca, los penachos de los solidagos, el zumaque, aún más robusto, y la parra silvestre formando una maraña con las bayas del arrayán. En las ramas desnudas de las robinias, esos árboles que tardan tanto en brotar, no se advertían signos de vida; pero sí la había: la misma vida que latía silenciosamente, junto a mí, en la habitación.

Estos intensos momentos de felicidad iban siempre seguidos de una sensación de lucha, de tener por delante una larga y silenciosa batalla que librar. Había pasado por una lucha física, ese combate casi mortal de dar a luz un hijo: ahora llegaba el momento de pelear por mi alma. Sabía que Teresa recibiría el bautismo y sabía también la ruptura que eso supondría en las relaciones con mi entorno. Sí, me sentiría otra vez desgarrada y en agonía, y hacía todo lo posible por aplazar un día tan difícil.

Entonces, una tarde, cuando caminaba con el cochecito de la niña por la carretera que conduce a St. Joseph's Home, una antigua propiedad de Charles Schwab cedida por este a las Hermanas de la Caridad, me encontré con una de las monjas, que iba de visita a casa de una vecina.

Esa propiedad representaba para mí un obstáculo insalvable. No podía pasar delante de ella sin recordar el cargo de presidente de Schwab en la Bethlehem Steel Corporation, ni su empeño por acabar con la huelga de Homestead, ni su negativa —aún vigente— a admitir sindicatos obreros en su empresa.

No podía sino pensar que lo que las hermanas habían aceptado era un dinero corrupto. En mi opinión, ese dinero pertenecía a los trabajadores. Schwab había privado a un obrero de un salario justo. Sus pecados clamaban venganza al cielo. Había machacado los rostros de los pobres. «Que el óleo del impío no perfume mi cabeza» (Sal 141, 5), pensaba con el salmista. «El que ofrece un sacrificio con los bienes de los pobres es como el que inmola al hijo delante de su padre… derrama sangre quien retiene el salario del jornalero» (Si 34, 24; 27). Las palabras del hijo de Sirac me venían a la cabeza con insistencia. Pero, por extraño que parezca, el rencor guió mis pensamientos inevitablemente hacia la cuestión de cómo bautizar a Teresa.

El resentimiento que tantos miembros del movimiento obrero radical manifiestan hacia lo que llaman la «religión organizada» iba unido a mi convencimiento del carácter divino de la Iglesia católica. La idea que imperaba en mi mente era que las debilidades humanas, los pecados y la ignorancia de los poderosos en el transcurso de la historia no hacían sino demostrar que, para haber sobrevivido a lo largo de los siglos, la Iglesia *tenía que* ser divina. No culpaba a la Iglesia de lo que, en mi opinión, eran los errores de sus fieles.

Siempre me servían de consuelo las palabras de Cristo: que los mayores enemigos serían los de su propia «casa».

También pensaba que en mi camino se interponían muchos obstáculos y que, curiosamente, ese era uno de ellos.

Aquella tarde se apoderó de mí el impulso de dirigirme a la hermana, que pasaba a toda prisa a mi lado, y preguntarle qué había que hacer para bautizar a un niño. Mientras me acercaba a ella, me invadió un cálido sentimiento: el de que, fueran cuales fuesen los errores de Charlie Schwab, la hermana Aloysia, en su sencillez y en su pobreza, no tenía nada que ver con ellos.

La hermana se mostró muy práctica. Al parecer, lo dio todo por hecho y no le sorprendió que la madre de una recién nacida la parara inesperadamente y le plantease una pregunta tan insólita. ¡Era lógico que cualquier madre, por muy pagana que fuese, quisiera asegurarle a su hijo la vida eterna! Había oído hablar de mí: de hecho, todo el vecindario sabía que nosotros y nuestros amigos simpatizábamos con el comunismo o con el anarquismo. Sin embargo, esos mismos vecinos católicos que escuchaban hablar en los sermones de «las diabólicas y repugnantes maquinaciones comunistas» (yo misma he oído emplear expresiones como esta) eran gente amable que venía a usar nuestro teléfono y, de vez en cuando, nos traía una tarta; que jugaba con nosotros en la playa y se ofrecía para llevarnos al pueblo en su coche. Tampoco la hermana Aloysia mostró ningún temor: tan solo el interés típico de una buena vecina. Quizá llevara dos años rezando por nosotros cuando, de camino a visitar a algún católico de los que vivían al final de la carretera, pasaba junto a nuestra casa. Quizá su mano agotada por el trabajo se aferrara con un poco más de devoción y de calor al rosario que tintineaba a su costado.

La hermana percibió mi simpatía hacia ella y yo me sentí animada por su interés. Inmediatamente, me tomó bajo su protección. No desdeñó las dificultades, pero ni por un instante pensó que fueran insalvables. Su postura consistió en admitir que nos aguardaba una dura pelea, pero que podíamos ganarla. Se aferraría como a un ancla a su enorme e intimidante rosario y, juntas, capearíamos el temporal de la oposición y la controversia. Todo lo que teníamos que hacer era apoyarnos en la oración.

Y, en cuanto a los detalles prácticos, nos limitaríamos a afrontarlos como si fueran muy sencillos. ¿Tenía algún familiar católico?

Sí: mi prima Grace. Estaba casada y podíamos recurrir a ella y a su marido, pese a que hacía años que no los veía, ni a ellos ni a nadie de esa familia.

Muy bien. Entonces ella, la hermana Aloysia, hablaría con el párroco de Tottenville, un joven muy servicial que celebraba misa en el asilo y a quien vería a la mañana siguiente después del desayuno.

Entre unas cosas y otras, y dada la circunstancia excepcional de que sus padres no fueran católicos, el bautizo de Teresa no se celebró hasta finales de junio. La hermana Aloysia, preocupada por que todo llegara a buen término, se pasaba por casa todos los días para comprobar que mi determinación no había menguado. También manifestaba con franqueza su preocupación por el bienestar de la niña. Una mañana se presentó corriendo en el porche: «No se ha muerto, ¿verdad?», quiso saber; y entonces alababa a Dios porque la niña estaba viva y seguía abriéndose paso hacia su bautismo. Estaba convencida de que los poderes de las tinieblas forcejeaban para hacerse con mi pequeña: «Están ansiosos de almas», decía refiriéndose al demonio; y, en ese sentido, mi fe y mi esperanza superaban las suyas, porque yo le aseguraba que las ansias de Cristo tenían que ser mucho mayores. En cualquier caso, Teresa crecía sana, empezaba a levantar la cabeza, chillaba de placer y gorjeaba, compitiendo con los pájaros para hacer más alegre la mañana.

—No tengas miedo a este viejo cuervo negro —le decía a veces la hermana Aloysia, inclinada sobre su cuna. Y la boca desdentada de Teresa solía abrirse en una sonrisa, embellecida por un hoyuelo encantador que hace tiempo que desapareció.

Pero el interés por la niña no le impedía ocuparse de mí.

—Te tienes que hacer católica —insistía.

No se callaba nada. Y a veces especulaba con cierta locuacidad acerca de la variedad de razones que, en su opinión, me hacían retroceder. Me facilitó algunos libros de espiritualidad para que los leyera, historias edulcoradas y pastiches de vidas de santos jóvenes y menos jóvenes, y números atrasados de revistas piadosas.

A pesar de su agnosticismo, William James me fue de más ayuda, pues me descubrió a santa Teresa de Ávila y a san Juan de la Cruz. Yo ya había leído a san Agustín, la *Imitación* y la Biblia, y hallaba en ellos fortaleza y consuelo. Pero, aislada como estaba en el campo, sin conocer a ningún otro católico que no fueran mis vecinos —quienes, si alguna vez leían algo, era solamente el periódico o revistas de interés mundano—, no contaba con demasiadas oportunidades de profundizar en la buena literatura contemporánea. Las paradojas de Chesterton me agotaban. Me gustaban las historias de Belloc, pero no me inspiraban nada. Me hallaba en un estado de plácida dicha poco favorable al estímulo intelectual. La niña me hacía demasiado feliz. Y me agarraba obstinadamente a la fe que poseía. La necesidad de paciencia en que insistían los textos de los santos me consolaban de la lentitud con que recorría mi camino. Dejaba todos mis asuntos en manos de Dios y esperaba.

Tres veces a la semana, la hermana Aloysia venía a enseñarme el catecismo que yo, obedientemente, procuraba aprender. Ella insistía en que lo recitara palabra por palabra, repitiendo la pregunta que venía en el libro. Cuando no llevaba la lección preparada me regañaba. «¿Y tú te crees inteligente?», decía desdeñosamente. «¿Cuáles son las definiciones de la gracia, de la gracia actual y de la gracia santificante? Mis alumnos de cuarto se las saben mejor que tú».

Yo estaba segura de que así era. Avanzaba con esfuerzo día a día, aprendiendo, pero sin cuestionarme nada. Mi mente se hallaba en un estado placentero y letárgico, casi bovino, colmado de una felicidad animal, sin ningún deseo de indagar o discutir los dogmas que estudiaba. Había decidido admitir lo que no entendía, confiando en que vería la luz, como a veces ocurría, en un cegador relámpago de comprensión y júbilo. Ella criticaba mi manera de llevar la casa: «A las diez te sientas delante de la máquina de escribir sin haber lavado los platos. Y, encima, los de la cena y los del desayuno... Y ¿por qué no encalas el techo? Está sucio del humo de la leña».

Solía traerme verdura del jardín del asilo y yo le regalaba pescado y almejas. Una vez le di sellos y un dólar para que enviara un regalo a una sobrinita suya y me lo agradeció conmovida. Eso me hizo comprender de golpe que, a pesar de Charlie Schwab y de su propiedad, las hermanas vivían en una pobreza absoluta: no poseían nada y todo lo que tenían lo compartían.

La hermana Aloysia nunca entraba en casa directamente, sino que solía tocar en la ventana o en la puerta trasera. «¿Está él?», decía en un susurro sepulcral, como si preguntara por el mismísimo diablo. Y, si estaba, Fred salía cerrando con violencia la otra puerta para expresar su disgusto y saludándola entre dientes. No lo culpo, como tampoco la culpo a ella. Lo más probable es que la hermana se comportara así con cualquier marido, por muy católico o muy ejemplar que fuera. Sabía poco del mundo masculino.

Finalmente, el gran día llegó y pasó. Teresa recibió el bautismo y se convirtió en miembro del Cuerpo Místico de Cristo. Yo no sabía nada del Cuerpo Místico: de otro modo, tal vez me habría inquietado separarme de ella. Pero la abracé fuerte y, a lo largo del verano, cuando la amamantaba y me inclinaba sobre ese rostro redondo y diminuto que sujetaba contra mi pecho, me invadía una felicidad tan intensa que no había nada capaz de enturbiarla. No obstante, los obstáculos que se oponían a mi conversión seguían ahí, como sombras en el trasfondo de mi vida.

Estaba convencida de que sería católica, aunque me parecía estar traicionando a la clase a la que pertenecía y a ti, hermano mío; a los obreros y a los pobres del mundo, la clase que Cristo más amó y entre la que transcurrió su vida. En verano escribí varios artículos para *New Masses*, pero no trabajé más. Mi vida estaba llena de gente: los amigos venían a verme y se quedaban conmigo, y algunos me dejaban a sus hijos. Durante aquel verano, se sumaron a mi familia dos niños de cuatro y ocho años, y ocupaba los días cuidando de los tres pequeños y cocinando tres veces a la semana para entre seis y diez personas.

Pocas veces podía subir al pueblo a oír misa los domingos, y eso solo si antes había dejado a la niña en buenas manos. Pero a veces la sombra que se cernía sobre mi casa, esa oposición apenas pronunciada, me impedían hacerlo. Entresemana, había días festivos en que lograba escabullirme y me iba a la capilla de los terrenos de Charlie Schwab. Entonces podía hacer «visitas» sin que se enteraran los demás. Por consejo del sacerdote al que había consultado, me había comprometido a esperar y a mantener unida a la familia. Pero no hacía más que pensar que, en cuanto diera ese paso irrevocable, Teresa y yo nos quedaríamos solas; y yo no quería estar sola. No quería renunciar al amor humano justo cuando se había hecho más intenso y más tierno.

En el mes de agosto, muchos de mis amigos, incluida mi hermana, viajaron a Boston para participar en un piquete en protesta por la ejecución de Sacco y Vanzetti, que cada vez estaba más cerca. Fueron arrestados en repetidas ocasiones.

Los periódicos de toda la nación y del mundo entero describían la batalla librada por las vidas de esos dos hombres. Radicales llegados de todos los rincones del país se reunieron en Boston, se publicaron artículos que recogían sus últimos días y se escribieron poemas. Fue una batalla épica, una inmensa tragedia cuyo inminente desenlace presentíamos. Esos hombres eran católicos, además de italianos. Católicos por tradición, ya que habían renegado de la Iglesia.

Mientras yo disfrutaba de la fresca brisa, mientras sentía el agua salada sobre mi carne y un intenso gozo de vivir, saber que esos hombres estaban a punto de abandonar este mundo terrenal, que no serían más que polvo, sin conciencia, me dolía como una herida física. Ahora estaban aquí y, en unos pocos días, ya no estarían. Se habían convertido en figuras veneradas por los trabajadores. Se habían dado a conocer sus cartas y la cálida y emotiva historia de sus vidas. Todo el mundo sabía quién era Dante, el hijo de Sacco. Todo el mundo compartía el sufrimiento de la joven esposa que se aferraba a su marido con dolorosa pasión. Y Vanzetti, con su amplitud de miras, con la paz que mostraba frente a su destino, nos resultaba a todos aún más cercano.

El día de su muerte, los titulares de los periódicos fueron tan grandes como los que anunciaron el estallido de la guerra. Toda la nación los lloró. Con toda la nación me refiero a la formada por los pobres, por los obreros, por los sindicalistas y por aquellos que tenían un sentido más agudo de la solidaridad: ese sentido de solidaridad que a mí me estaba llevando a entender poco a poco la doctrina del Cuerpo Místico de Cristo, por el que todos somos miembros los unos de los otros.

Al padre de Teresa la tragedia le afectó muchísimo. Su ideología siempre había sido, por encima de todo, anarquista. Se pasó varios días sin comer. Se quedaba sentado en casa con los brazos cruzados, paralizado por la tristeza, asqueado de la crueldad de la vida y de los hombres. Siempre se había refugiado en la naturaleza, más amable, más bella y más pacífica que los seres humanos. Esta vez fue incapaz de servirse de ella para evadirse, como procuraba hacer frente a tantas dificultades de la vida.

Las temporadas que estaba en casa se pasaba días e incluso noches pescando en el mar, así que no nos vimos prácticamente nada durante varias semanas. Sentado en su barco en medio de la bahía, su pasión por el mar lo aturdía. Cuando empezó a recuperarse, se dedicó a la biología marina, reuniendo colecciones, leyendo exclusivamente libros científicos y sin prestar atención a nada de lo que ocurría en torno a él. Tan solo la niña despertaba su interés. Ella era su felicidad. Lo que, lógicamente, me hacía aún más difícil pensar en el cruel golpe que le infligiría cuando me convirtiera al catolicismo.

Me cuesta escribir estas páginas. La lucha fue demasiado personal. Tremendamente difícil. Pasó el año y hubo que esperar al invierno siguiente para que la tensión alcanzara su punto culminante. Yo estaba mal de salud, pero el meticuloso examen que me practicaron en la clínica Cornell reveló únicamente tensión nerviosa.

Por fin, precipitadamente y llena de dudas derivadas de esa prisa indecorosa, tomé la decisión de acabar con mis titubeos y me bauticé.

Fue un día tristísimo de diciembre de 1927, y el viaje desde la ciudad hasta Tottenville, en Staten Island, se me hizo largo. Mientras cruzaba la brumosa bahía en el *ferry*, no me abandonó la lúgubre idea de que estaba actuando con demasiada precipitación. No me sentía en paz, ni alegre, ni siquiera convencida de estar haciendo lo correcto. Simplemente, era algo que tenía que hacer, una tarea que cumplir. Cuando me permitía pensar, dudaba de mí misma. Me odiaba por ser débil e indecisa. Me consumía de inquietud y no hacía más que caminar de aquí para allá por la cubierta del *ferry*; mi angustiado espíritu casi me hacía gemir. Quizá el demonio estuviera en el barco.

Allí me estaba esperando la hermana Aloysia para actuar de madrina. Ni siquiera sé si hubo padrino. El padre Hyland, amablemente y con discreción, sin expresar ninguna emoción, me oyó en confesión y me bautizó.

Por fin era católica, aunque nunca he sentido menos la paz, la alegría y el consuelo que posteriores experiencias me han demostrado que la religión es capaz de aportar.

Al año, celebré llena de gozo mi confirmación y nunca pasa Pentecostés sin un renovado sentimiento de felicidad y agradecimiento por mi parte. Fue entonces cuando me abandonó la incertidumbre para —¡gracias a Dios!— no regresar jamás.

12.
EL TRIGO Y LA CIZAÑA

Me preguntas cómo he llegado a rechazar el comunismo. En primer lugar, que quede claro que yo simpatizaba con el comunismo, pero con ciertas reservas que apenas expresaba. Aceptaba el marxismo como teoría económica y, si me hubieran presionado con la pregunta de si era o no atea, probablemente habría esgrimido el mismo argumento que tú: «¿Cómo se puede creer en un Dios que permite que haya tanto sufrimiento y tanta injusticia en el mundo?».

En el fondo de mi corazón ha existido siempre el deseo de creer: a veces tan débil que era apenas perceptible y, otras veces, muy potente. Pero no me fiaba de mí misma, de mis propias reacciones emocionales ni de mi inestabilidad.

No creía en la propiedad privada. Quería luchar por un estado social en el que cada uno debía «trabajar según su capacidad y recibir según su necesidad». Esa es la definición marxista del comunismo. No creía que los hombres injustos y codiciosos pudieran convertirse, y sí, en cambio, en el carácter inevitable de la revolución.

Estos son los tres fundamentos de la fe comunista:

1. No existe otro mundo que este: nuestro destino no es Dios, sino la muerte y la sepultura.
2. El estado ideal es un estado comunista en el que no exista la propiedad individual, sino colectiva.
3. Puesto que el único medio de lograrlo es la violencia, debemos usarla. Es una causa por la que vale la pena morir.

Evidentemente, se trata de un análisis demasiado simplista, pero servirá para demostrar lo fácil que es que los jóvenes idealistas, educados sin religión, acepten el comunismo. Paul Claudel afirma que la juventud exige heroísmo. Y alguien ha escrito que el que a los veinte años no es socialista, no tiene corazón; y el que es socialista a los treinta, no tiene cabeza.

Me entristecía lo que yo consideraba la necesidad de admitir ese primer principio de que nuestras vidas acaban en la tumba, pero me parecía de valientes aceptarla. Los otros dos fundamentos del comunismo los suscribía con entusiasmo.

Ahora el Credo que admito es como un grito de guerra grabado en mi corazón: el *Credo* de la santa Iglesia católica romana. Antes, en aquellos primeros tiempos, podía decir: «A punto estoy de acostarme en el polvo; me buscarás, pero no estaré» (Jb 7, 21). Ahora lo que puedo decir es esto: «Bien sé yo que mi defensor vive y que Él, el último, se alzará sobre el polvo. Y después de que mi piel se haya destruido, desde mi carne veré a Dios. Yo lo veré por mí mismo, mis ojos lo contemplarán y no otro. Dentro de mí desfallecen mis entrañas» (Jb 19, 25-27).

Hace unos años, en una conversación con el escritor comunista John Spivak, este me decía: «¿Cómo puedes creer? ¿Cómo puedes creer en la Inmaculada Concepción, en un parto virginal, en la Resurrección?». Solo pude contestarle que creo en la Iglesia católica romana y en todo lo que enseña. He aceptado su autoridad con todo el corazón. Al mismo tiempo, he de decirte que nos enseñan a rezar por la perseverancia final. Nos enseñan que la fe es un don, y a veces me pregunto por qué algunos la tienen y otros no. Siento que no la merezco y, por eso, nunca le agradeceré a Dios lo suficiente el don de la fe. Dice san Pablo que, si no correspondemos a las gracias que recibimos, se nos retirarán. Por eso creo también que debemos caminar en el temor: «Trabajad por vuestra salvación con temor y temblor».

En cuanto a los otros dos principios que defiende el comunismo, sigo convencida de que nuestro orden social debe cambiar, que no es justo que la propiedad se concentre en manos de unos pocos. Pero ahora creo, con santo Tomás, que el hombre necesita determinado grado de propiedad para poder vivir bien. Creo que debemos trabajar para restaurar los aspectos comunitarios del cristianismo, junto con cierta medida de propiedad privada para todos.

Sigo creyendo que la revolución es inevitable, si prescindimos de la Divina Providencia. Pero, con la ayuda de Dios, recurriendo a los sacramentos y aceptando la guía de Cristo, la revolución puede ser superada por nuestra propia revolución cristiana sin el empleo de la fuerza.

Formé parte del movimiento comunista de este país en tanto que periodista y escritora. Fui miembro del Partido Socialista, más tarde de los Trabajadores Internacionales del Mundo y de muchas organizaciones de filiación comunista, pero nunca estuve «afiliada» al Partido Comunista.

Es cierto que al principio, igual que ahora, nadie era un afiliado a menos que asistiera a las reuniones semanales de su unidad y estuviera sujeto a la disciplina del Partido, tan rigurosa ayer como hoy. Normalmente, los escritores (y así ocurre hoy día con los que trabajan para *New Masses*, para *The Daily Worker* y para otras muchas publicaciones comunistas) no son miembros del Partido. Se podía pertenecer a alguna entidad adscrita al Partido político sin formar parte de este. Se podía participar en las actividades de la Liga para la Defensa de los Presos Políticos, de la Liga Anti-imperalista, de la Liga de la Unidad de Sindicatos y de muchas otras organizaciones, y no estar afiliado al Partido. Siempre ha habido tantas organizaciones de filiación comunista iniciadas por el Partido y que colaboraban con él que es difícil hacer recuento. Hoy en día, puedes dedicar todo tu tiempo a trabajar en el Comité de Defensa de Scottsboro, en la Liga por la Paz y la Democracia o en la Liga por la Democracia Española, y no ser miembro del Partido Comunista; y, sin embargo, sigues siendo comunista. Estos activistas son muy distintos de los «compañeros de viaje» que suelen ser liberales o simpatizantes del comunismo, que están fuera del movimiento pero colaboran con él.

Hoy hay millones de personas en todo el mundo que se consideran comunistas, a pesar de que su trabajo y sus obligaciones familiares les impiden convertirse en miembros del Partido. Yo he jugado un papel muy pequeño en el movimiento comunista de este país, pero un escritor puede ganarse una reputación dentro de un movimiento sin poder decir en conciencia que haya trabajado mucho por él... si es que es honesto. Por el hecho de que su firma figure al pie de un artículo su reputación como comunista puede ser mayor que la que se merece.

Después de tantos años, esta es mi postura con respecto al comunismo. En primer lugar, lo considero una herejía, una falsa doctrina; pero, como dice san Agustín, no existe doctrina que no contenga cierto elemento de verdad. Creo que lo que ha generado esta herejía es el fracaso de los cristianos, y que tendremos que rendir cuentas por ello.

En el pasado, mi crítica contra los cristianos (que sigue vigente hoy día para muchos de ellos) era que, en realidad, niegan a Dios y lo rechazan. «En verdad os digo que cuanto hicisteis a uno de estos mis hermanos más pequeños, a mí me lo hicisteis» (Mt 25, 40), dice Cristo, y hoy hay cristianos que ofenden a Cristo en los negros, en los mexicanos pobres, en los italiano y en los judíos. Los católicos creen que el hombre es templo del Espíritu Santo, que está hecho a imagen y semejanza de Dios. Lo creemos del judío y del gentil. Creemos que todos los hombres son o podrían ser miembros del Cuerpo Místico de Cristo; y, como para Dios no hay tiempo, así debemos considerar a cualquier hombre, sea ateo, judío o cristiano.

Me preguntas si esto es lo que creemos realmente cuando vemos a nuestros hermanos hacinados como animales en las viviendas municipales, pateando hambrientos las calles y las carreteras, trabajando por sueldos que los matan de hambre o a un ritmo inhumano, viviendo en condiciones inmundas y degradantes. Viendo a muchos cristianos que niegan a Cristo, que le odian en los pobres ¿es de sorprender que haya nacido una herejía que le niegue a Él de palabra y de obra?

El primer mandamiento consiste en amar al Señor nuestro Dios. Solo podemos demostrar nuestro amor a Dios amando al prójimo: «Si alguno dice: "Amo a Dios", y aborrece a su hermano, es un mentiroso; pues el que no ama a su hermano, a quien ve, no puede amar a Dios, a quien no ve» (1Jn 4, 20).

Existe, por ejemplo, el «esquirol»: él también es obrero, también forma parte de los pobres y de las clases oprimidas. El entorno, los suburbios, las cárceles, la miseria han contribuido a desarrollar su maldad y su egoísmo: por supuesto. Existen también trabajadores buenos, hombres honrados que no están convencidos de que las huelgas sean justas o de que se haya agotado toda forma de arbitraje. Quizá permanezcan ciegos a las condiciones de sus compañeros. También son hermanos nuestros y se les puede instruir, pero no con porras. Existen los pequeños granjeros, triturados por las empresas, pervertidos por nuestro sistema industrial y abrumados bajo el peso de las hipotecas, que explotan a su vez a los trabajadores temporales. No es solo el trabajador temporal el que necesita instrucción, el que necesita nuestro amor y nuestra compasión.

Existen también soldados guiados a ciegas por sus mandos a una batalla contra un enemigo que no conocen. Sin bienes, sin empleo, recién llegados de una guerra extenuante a la que fueron guiados quizá bajo la promesa de una tierra, de la colonización, se encuentran otra vez luchando, después de que la propaganda inspiradora del odio contra el comunismo los haya hecho odiar. En el regimiento que tienen enfrente puede ser que no haya más de diez comunistas, pero ellos deben matar a todos: a los que engañan y a los engañados. ¿Matar al comunista para reprimir el comunismo? No creo que sea ese el modo de detener una herejía. Las herejías también se nutren de la persecución.

No negaré que, muchas veces, el amor del comunista hacia el hermano, hacia el pobre y el oprimido es más real que el de muchos que se autodenominan cristianos. Pero cuando, de palabra y de obra, el comunista incita a un hermano a matar al hermano, a una clase a destruir y a odiar a otras clases, no puedo creer que su amor sea auténtico. Ama a su amigo, pero no a su enemigo, que también es su hermano. No hay en eso fraternidad humana: esta no puede existir sin la Paternidad de Dios.

Hoy, en la Rusia soviética los hombres sufren tortura. Se les encarcela, a sus mujeres y a sus hijos se les tortura, se les quita la vida. ¿Es eso amor fraterno? No, cada vez creo menos en el amor fraterno del comunista. Siendo como es la naturaleza del hombre, solo puedo creer que los hombres son capaces de mucha bondad a través de Cristo, que tomó nuestra naturaleza humana y la sublimó.

El hombre reclama dignidad porque es templo del Espíritu Santo y está hecho a imagen y semejanza de Dios. Prívale de eso y es peor que un animal, ya que tiene la capacidad de pensar.

Lo primero que me atrajo del marxismo fue su reconocimiento de la dignidad del hombre y de la dignidad de su trabajo. Sin embargo, el propio Cristo fue obrero. San José, su padre adoptivo, fue obrero. El hombre que trabaja tanto con sus manos como con su mente es una persona completa. Es co-creador: toma la materia prima con que Dios le provee y crea el alimento, el vestido, el refugio y toda forma de belleza.

Pero el comunista ahora exalta al proletariado, al desposeído, y mantiene en Rusia una dictadura del proletariado a expensas de todas las demás clases. Y esa dictadura la mantienen unos pocos, despiadadamente y mediante el uso de la violencia.

El comunismo es una palabra hermosa, una palabra cristiana en sus orígenes; pero es imposible que nadie que use la razón crea en el logro de un estado social en el que todo se posea en común, en el que el estado «desaparecerá» gracias al socialismo de estado, mantenido por la dictadura del proletariado.

Solo a través de la religión se puede lograr el comunismo, y se ha logrado una y otra vez.

A los comunistas les gusta citar las palabras de san Pedro: «Siervos, estad sujetos a vuestros amos». Olvidan su exhortación a trabajar por un cielo nuevo y una tierra nueva en la que habite la justicia. Si es cierto que los siervos son los oprimidos, estos no pueden alcanzar la justicia si no es practicándola ellos mismos. Deben ser primero justos antes de exigir que sus amos obren con justicia. El siervo no es más que su señor.

Ha sido el amor humano el que me ha ayudado a entender el amor divino. La mejor expresión del amor humano, el amor humano desinteresado, encendido, que ilumina nuestros días, nos permite vislumbrar el amor de Dios hacia los hombres. El amor es lo mejor que podemos conocer en esta vida, pero debemos conservarlo con el esfuerzo de la voluntad. No se trata solamente de una emoción, de un sentimiento cálido y gratificante. Ha de pasar temporadas de quietud y de silencio, de desgana y de tregua. Crece en el sufrimiento, en la paciencia y en la compasión. Debemos padecer por las personas que amamos; debemos sufrir sus pruebas y su dolor; debemos incluso cargar con las penas que merecen sus pecados. Así es como aprendemos a entender el amor de Dios hacia sus criaturas. Así es como entendemos la Crucifixión.

Es difícil de explicar. Me cuesta expresarme con claridad. Si san Pablo, a quien habló el mismo Cristo, veía las cosas como en un espejo, ¿cómo voy a pretender yo aclarártelas? Tan solo he intentado poner por escrito lo que entiendo, invitándote una vez más a no condenar el cristianismo a causa de los errores de los cristianos.

Quizá no comprendas lo que te quiero decir cuando leas esto, pero rezo para que también a ti el Espíritu Santo te guíe de la oscuridad a la luz. Hasta lo poco que entiendo es luz para mí en medio de los días y las horas oscuras. Y no podría respirar ni vivir sin la luz que ahora poseo: la luz de la fe que me ha regalado un Dios misericordioso, que es la Luz del mundo.

13.
TUS TRES OBJECIONES

Dices que la religión es malsana. Es un sentimiento muy lógico por tu parte y una postura ante la religión muy extendida entre los comunistas. Si esos sentimientos, esa lucha, los han tenido quienes, en una obstinada búsqueda de Dios, pasan —como santa Teresa— varias horas al día en oración y más horas haciendo lectura espiritual, ¿cómo no los van a tener los que apenas han sido tocados por la fe o la esperanza?

Tú conoces la reacción de mis amigos ante la religión: dicen que equivale a dar la espalda a la vida deliberadamente. Nosotros, los católicos, sabemos —con un conocimiento sobrenatural, no con un conocimiento mundano— que no es así, igual que conocemos la existencia de Dios y le amamos con nuestra voluntad, que es una potencia de nuestras almas.

Santa Teresa luchó durante veinte años, decía ella, por evitar las ocasiones de pecado. Para saber qué quería decir, a qué se refería con «pecado», es necesario conocer su situación. Había entrado en el convento con dieciocho años. El convento de las carmelitas era grande: las monjas eran tan numerosas que costaba alimentarlas a todas. En aquella época, era costumbre enviar a un convento a las hijas solteras, las viudas y las damas que deseaban retirarse del mundo, pero en realidad no lo hacían. Las visitas eran constantes, entre otras razones —cuenta santa Teresa— porque muchas de ellas iban a llevarles comida, y el convento estaba tan necesitado que las monjas las recibían para proveerse así de lo imprescindible. Más adelante, cuando santa Teresa comenzó sus fundaciones de la reforma carmelitana, se aseguró de que dispusieran de lo suficiente para alimentarse.

Santa Teresa sabía que estaba muy lejos de llevar la vida que deseaba cuando entró en el convento. Quería entregarse enteramente a Dios. Quería que cualquier cosa que hiciera, cada palabra que dijera, la condujese a ese fin. Pero era una persona alegre. Cuenta la historia que entró en el convento vestida de rojo. Estaba llena de vida y de vitalidad. Quería vivir plenamente. Las mismas cualidades que la habían movido a entregarse a Dios la arrastraban hacia sus hermanas. Las quería mucho, se preocupaba por ellas y dedicaba mucho tiempo a la conversación.

Cuanto más se relacionaba con las demás, cuanto más cerca se sentía de ellas, más se alejaba de Dios. No tenía en cuenta los pecados veniales, dice, ni evitaba las ocasiones de cometerlos. Se veía como una criatura pecadora, y así lo afirma muchas veces en su autobiografía. Con ello no se refiere a nada escandaloso, sino a que las damas del convento no hacían nada y recibían visitas indecorosas, comían o bebían en exceso, o bien se permitían conversaciones inútiles y chismorreos.

Pero santa Teresa tenía un deseo de perfección tan grande que, en cuanto se enfrascaba en una conversación ociosa (por inocente que fuera), le parecía estar robándole deliberadamente el tiempo a Dios. Sabía lo que quería, sabía que había para ella una vida mejor, pero tenía que luchar por alcanzarla.

Ella misma explicaba cuánto le costaba la oración: «[Era tal] la tristeza que me daba en entrando en el oratorio, que era menester ayudarme de todo mi ánimo (que dicen que no le tengo pequeño y se ha visto me lo dio Dios harto más que de mujer, sino que se ha empleado mal) para forzarme».

Cuenta también las veces que miraba el reloj de arena, cómo se dejaba llevar por las distracciones, y la dura y constante lucha por obligarse a rezar y a hacer la lectura espiritual. ¡Y esa lucha duró veinte años!

«Deseaba vivir», escribe, «que bien entendía que no vivía, sino que peleaba con una sombra de muerte, y no había quien me diese vida, y no la podía yo tomar».

Creo que a esto te refieres tú cuando dices «malsana». Si Santa Teresa, con toda su sabiduría, su discernimiento y las gracias que Dios le concedió para seguir luchando, se sentía peleando con una sombra de muerte ¡cómo alguien que no conoce de nada la religión no va a sentir temor cada vez que esta se mete en su conciencia!

La sombra de muerte a la que se refiere es la vida que llevaba, una vida sin objetivo, desordenada, un constante sucumbir a lo secundario, a una perfección menor que aquella a lo que aspiraba. Aun así, la naturaleza humana intentará persuadirnos de que la vida de oración es la muerte, es una renuncia a la vida.

Esto lo puedo decir como conversa, consciente de cuántas veces, casi con repugnancia, he rechazado la idea de Dios y de entregarme a Él. Conozco el sentimiento de desasosiego, de hastío, el sentimiento de tensión que significa para el alma alejarse de Dios en lugar de abandonarse en Él. Pero no sé cómo se puede perseverar en la búsqueda de Dios sin la ayuda de la Iglesia y el consejo de esos confesores que tienen a sus espaldas una experiencia de generaciones.

Lo que no entiendes es el hecho elemental de que nuestro principio y nuestro fin es Dios. Una vez que admites esto, tienes ganada la mitad de la batalla. Si queremos seguir luchando y no contentarnos con el mínimo de virtud, con el deber cumplido, con «ir tirando», debemos darnos cuenta de que es un inmenso honor que Dios nos haya concedido esos deseos de servirle y de emplearnos totalmente en su servicio.

Tú no lo ves así, no crees en esto. Cada vez que, en medio del ajetreo de tu vida, piensas en la religión, acabas rechazándola horrorizado. Eres joven y aún no has experimentado de verdad la necesidad, el anhelo de Dios. No has pasado por tanta agonía y tristeza como para volverte a Aquel a quien no conoces y decirle: «¡Señor, ayúdame!». O, si lo has hecho, luego te has avergonzado al pensar que es una cobardía volverse en la desgracia a un Dios en quien no crees.

Yo experimenté esa desesperación durante los quince días que pasé tirada en la cárcel, contemplando la miseria esencial de la existencia humana, una miseria que continuará existiendo incluso si se lograra la justicia social y venciera el estado utópico. Porque no se puede recorrer una y mil veces una celda con barrotes, o estar tumbado boca arriba sobre un duro catre observando cómo un rayo de luz atraviesa la habitación lenta, muy lentamente, sin comprender que, mientras el corazón y el alma del hombre no cambien, no existe esperanza de felicidad.

Por otra parte, tampoco has conocido el éxtasis, el agradecimiento, la dicha que llevó al salmista a exclamar: «Mi corazón y mi carne se alegran por el Dios vivo»; «mi alma añora, desfallece por los atrios del Señor» (Sal 84, 3).

San Juan de la Cruz, contemporáneo de santa Teresa y buen amigo suyo, habla de los distintos grados de la oración: el primero de ellos es el purgativo. Explica que, pese a que sentimos esa dicha y ese anhelo de Dios, una dicha tan dulce que incluso su mero recuerdo representa un constante estímulo para nosotros, todavía nuestras imperfecciones nos hacen vivir en un sufrimiento y una intranquilidad continuos; la lucha de la vida interior resulta tediosa y no debemos esperar consuelo en la oración. San Juan nos hace entender ese desagrado, ese rechazo de la religión. Este letargo nace de conocer la inminencia de la lucha, del hecho de que esta es incesante y se prolongará hasta la muerte, y solemos pensar que un puro paganismo irreflexivo representará un alivio.

Solo Dios sabe cuánto tiempo duró mi lucha, cómo me volvía a Él y, una y otra vez, volvía a alejarme de Él. También yo sentía ese rechazo. También yo pensaba que la religión tiene una cualidad malsana. Es la lucha de la carne contra el espíritu. Es la lucha del hombre natural contra lo que hay de divino en él. (Luego te hablaré de la carne y el espíritu, de lo sensual y lo espiritual, porque tienes una idea totalmente equivocada de lo que Karl Adam llama «las contradicciones del cristianismo»).

Puedo entender lo que quieres decir con «malsano», y puedo entender que, cada vez que sientes atracción, al mismo tiempo sientas repugnancia. ¡Si supieras y pudieras, con humildad intelectual, someterte a la regla que lo hace todo tan sencillo y tan claro!

Tenemos una «regla de vida» fácil de seguir, si atendemos al sabio consejo de personas como santa Teresa, san Francisco de Sales, de Caussade, el padre Considine... Cito estos nombres porque son los primeros que se me vienen a la cabeza.

Santa Teresa entendía este hastío del alma. San Francisco nos dice que seamos pacientes con nosotros mismos. De Caussade habla de abandonarse en la Divina Providencia y el padre Considine aconseja que tengamos más fe en que Dios es un Padre bueno, mejor que nuestros padres de la tierra; que perdonará todos nuestros pecados, por graves que sean; que no nos dará una piedra si le pedimos pan.

Nos enseñan que nuestra alma necesita el mismo ejercicio que nuestro cuerpo: si no, nunca estará sana; y, si el alma no está sana, es lógico que no nos sintamos sanos. La oración es el ejercicio del alma, igual que agacharse y levantarse es el ejercicio del cuerpo. Es el orgullo intelectual, la arrogancia de la juventud, lo que hace costoso el acto físico de la oración.

Tú admites el dogma del comunismo, acatas la autoridad de Karl Marx y de Lenin, acatas la filosofía comunista y sabes que, al acatarla, estás acatando una «palabra dura»; que en cualquier circunstancia te perseguirá ese sometimiento. Quizá el principal problema sea que, para ti, el cristianismo es demasiado fácil. Para ti el cristianismo es lo que se acata, y por eso te rebelas; y, sabiendo que tu rebelión priva a tu alma de vida, te vuelves en contra de la religión y la calificas de malsana.

* * *

Después de mucho dudarlo, me enfrento a la segunda objeción que formulas en contra de la religión. (Fíjate en que tus objeciones, como las de la mayoría de los comunistas y los agnósticos, son contra la fe *católica*. En tu mente las palabras *católico* y *religión* van unidas).

Cuesta dejar escritas blasfemias sobre un papel, de tan horribles como resultan. Muchos incluirían tu segunda objeción en esta categoría. Una monja a la que se la mencioné se estremeció sin quererlo, pero no intentó rebatirla. Y en el pasado, cuando la he escuchado —y todos los católicos la han escuchado muchas veces-, tampoco yo he intentado darle respuesta. Haces esa objeción de buena fe, sin espíritu de malicia ni odio, y así he oído plantearla antes. Por eso, creo que es mejor intentar afrontarla, por difícil —casi imposible- que sea hablar de estas cosas con alguien que no tiene fe. Me anima a ello algo que he leído de Faber esta mañana: «Es nuestro deber y es también nuestro privilegio profundizar en este misterio».

Dices que rechazas la religión porque tiene un componente de canibalismo que te repugna. El invierno pasado, una niña de doce años que no está educada en la religión cristiana me dijo prácticamente lo mismo. «Los católicos creen que comen el Cuerpo y la Sangre de Cristo, ¿verdad?», me preguntó con disgusto. Tampoco ella tenía intención de blasfemar. Era sincera.

Me imagino que yo nunca me planteé esta objeción ni sentí repugnancia porque, antes de hacerme radical, había sentido hondamente los misterios de la fe: no de *la* Fe, pero de la fe en cualquier caso. Recuerda que leí la Biblia con doce años y sabía qué era la conciencia, y lo que era bueno y malo. Había aceptado la doctrina de la Sagrada Eucaristía. Por eso, cuando regresé a Dios, no supuso para mí ningún obstáculo que salvar.

Para un niño es fácil aceptar las cosas sin cuestionárselas. Por eso la Liga de Ateos Militantes tiene tanto interés en mantener apartados a los niños de la religión. Porque saben que la aceptarán y, aunque quizá más tarde, en su adolescencia arrogante y temeraria, se alejen de ella, no es una dificultad insalvable volver a la religión, ya que su alma conserva oculto un germen de verdad. Tú nunca tuviste formación religiosa de niño: ahí reside tu dificultad.

Si conocieras algo del Nuevo Testamento (y deberías estudiarlo si no lo conoces, porque muchos comunistas manifiestan su admiración hacia Jesús Hombre, y en otro tiempo los I.W.W. solían hablar del «camarada Jesús»), sabrías que los primeros a los que habló Cristo de la doctrina del Santísimo Sacramento se apartaron de Él. Esta enseñanza —que Cristo sería su pan de cada día— era algo tan simple, tan elemental a pesar de su misterio, que los niños y la gente más sencilla y humilde de este mundo podían aceptarla.

Santa Teresa dice que Cristo ha tomado el disfraz de pan para que no temamos acercarnos a Él: para que podamos acudir a Él con confianza, a diario, necesitándole todos los días como necesitamos el pan material.

La mayoría de nosotros no somos capaces de sentimientos sublimes, salvo en raras ocasiones. No siempre somos capaces de sentir amor, asombro, gratitud y arrepentimiento. De ahí que Cristo haya tomado la apariencia de pan, para que podamos acercarnos a Él sin reparos y, alimentándonos diariamente, asimilándole hasta que sea Él quien actúa en nosotros, podamos entenderle, alcanzarle y amarle mejor.

Sí, en el pan Cristo se ha hecho tan sencillo, se ha abajado tanto, que un niño puede comer el Alimento Sagrado con amor y agradecimiento. Él mismo dijo que nos escandalizaríamos; por eso, no me sorprende ni me horroriza la crudeza de tu objeción. Hasta sus amigos más cercanos y queridos se dispersaron y huyeron, sin comprender el misterio de la Redención, de Cristo que entrega su vida por los hombres.

Cuando oró en agonía en el Huerto; cuando se abatió sobre Él el peso de nuestros pecados, todos los pecados que se habían cometido y se cometerían en la tierra a partir de entonces; cuando sufrió todas las tentaciones, todo el horror, todo el arrepentimiento por el resto del mundo, sus discípulos tampoco lo entendieron. Cristo contempló y padeció su agonía en soledad. Él les anunció que moriría al día siguiente. Y ellos, a pesar de sus milagros, prestaron tan poca atención a esas palabras que se quedaron dormidos, mientras el Amigo al que más amaban luchaba contra el pensamiento de su muerte. Lo dejaron solo, se durmieron y, al día siguiente, huyeron: tan poco entendían sus enseñanzas, pese a que llevaban tres años viviendo con Él. Ni siquiera lo entendieron después de comer con Él en la Última Cena. No lo entendieron hasta que el Espíritu Santo descendió sobre ellos y se les *concedió* entenderlo.

Así que ¿cómo voy a entenderlo yo, o cómo voy a intentar explicártelo a ti? Si los que vivían con Él, los que podían verle como hombre, comer, dormir y recorrer con Él todo el país, se sintieron «ofendidos» y se dispersaron, ¿cómo voy a intentar explicarte lo que hay en mi corazón? No me pregunto: ¿cómo vencer su objeción? Solo Dios puede hacerlo. No intento convertirte: me limito a no dejar tus objeciones sin réplica por miedo a que consideres que, si no lo hago, estoy negando a Aquel a quien amo.

La pregunta es: ¿por qué instituyó Cristo este sacramento de su Cuerpo y su Sangre? La respuesta es muy sencilla: porque nos amaba y deseaba estar con nosotros. «Mis delicias son estar con los hijos de los hombres». Él nos ha creado y nos ama. Su presencia en el Santísimo Sacramento es la gran prueba de ese amor.

Santa Teresa de Ávila decía que deberíamos meditar más en el amor que Dios nos tiene que en el amor que nosotros le tenemos a Él. E insiste en su sagrada Humanidad y afirma que, si no la perdemos de vista, es más fácil que nos demos cuenta de ese amor. Siempre habla de Jesús hecho Hombre.

Pero es difícil entender el amor de Dios por nosotros. Rezamos cada día para crecer en amor de Dios porque sabemos que, si amamos mucho a alguien, todo se nos hace más fácil y grato. Deseamos —neciamente— experimentar sentimientos de amor. Santa Teresa dice que el único modo de poder medir nuestro amor a Dios es nuestro amor al prójimo. Trabajando por el prójimo es como llegamos a amarle. Esto tú sí lo entiendes, porque crees estar trabajando por él cuando por las mañanas dedicas tiempo a repartir propaganda, a subir las escaleras de las casas, a llamar a las puertas, a recibir desplantes, a soportar el frío y el calor, el cansancio y las penalidades para llevarles lo que tú consideras una verdad que les hará libres.

Y si tú y yo amamos a nuestros hermanos los hombres que yerran, ¿cuánto más tiene que amarnos Dios a todos? Si nosotros, los hombres, somos capaces como padres de perdonar a nuestros hijos cualquier fallo, cualquier crimen, y trabajar y rezar con perseverancia para que sean mejores ¿cuánto más no nos amará Dios?

Quizá digas: «¿Cómo sabemos que nos ama, si es un Él?». Yo solo te puedo contestar que lo sabemos porque Él está presente hoy en medio de nosotros en el Santísimo Sacramento del altar; que Él nunca nos ha abandonado; y que, al acudir a Él a diario en busca del don de Sí mismo como nuestro pan de cada día, estoy convencida de ese amor. Creo en que el alimento que recibo en esa mesa nutre mi alma para que haya vida en ella, y es la manifestación viva de que existe algo que es el amor que Cristo nos tiene.

Después de convertirme, me llevó mucho tiempo darme cuenta de la presencia de la humanidad de Cristo en la Eucaristía. Es el mismo Jesús que caminó por este mundo, que estaba dormido en la barca cuando estalló la tormenta, que tuvo hambre en el desierto, que oró en el Huerto, que habló con la mujer junto al pozo, que descansó en casa de Marta y María, que anduvo entre el trigo, recogiendo espigas para poder comer.

La humanidad de Jesús está ahí. Jesús está ahí con su Cuerpo y con su Sangre, con su alma y con su divinidad. Es nuestro líder y está siempre con nosotros. ¿Te sorprende que los católicos se llenen de gozo sabiendo que su Líder está con ellos? «Yo estoy con vosotros todos los días hasta el fin del mundo».

Cristo es pan sobre nuestros altares, porque el pan es el alimento básico, la cosa más sencilla del mundo, algo que comemos y de lo que nunca nos cansamos. Siempre tendremos pan: de trigo, de maíz, de centeno o de cualquier otra cosa. Adonde vayamos, siempre encontraremos un alimento básico que se llama pan.

Comemos para sobrevivir. Es lo más básico que hacemos. Para la vida del cuerpo necesitamos alimento. Para la vida del alma necesitamos alimento. Por eso, lo más simple, lo más lleno de amor, lo más cabal que Cristo podía hacer antes de morir, era instituir la Eucaristía. Y lo hizo tomando un trozo de pan, que bendijo, partió y dio a sus discípulos diciendo: «Tomad y comed. Esto es mi Cuerpo». Luego, tomando el cáliz, dio gracias y se lo dio diciendo: «Tomad y bebed porque esta es mi Sangre». Y les dijo que hicieran aquello en memoria suya.

Aunque te pasaras el resto de tu vida pensando, no se te ocurriría otro modo de que Cristo se quedara más cerca de nosotros. Podría seguir escribiendo y escribiendo sobre esto y no terminar nunca, pero no lo voy a hacer. Solo espero que tu honradez, que reconoce la mía, te haga leerme despacio. Sabes cuánto énfasis puso Cristo en los «pequeños», que son la mayoría. No solo los niños: también los pobres y los desesperados. Los que no tienen conocimientos, cuando se trata de leer algún libro sobre la Eucaristía o sobre el materialismo dialéctico, son otro ejemplo de lo que pretendo decir.

Después de escribir para ti los frutos de mi pensamiento sobre este tema, solo puedo terminar con las palabras de Jesús: «Yo te alabo, Padre, Señor del cielo y de la tierra, porque has ocultado estas cosas a los sabios y prudentes y las has revelado a los pequeños. Sí, Padre, porque así te ha parecido bien».

¡Porque así le ha parecido bien!

* * *

Tu tercera objeción es que no puedes entender el problema del mal. ¿Quién soy yo para intentar responder a una objeción tan importante y tan seria, y que surge tantas veces ante una tragedia? No obstante, san Pedro dice que debemos esforzarnos por dar razón de nuestra fe.

Este invierno he pensado mucho en esta cuestión, porque sabía que algún día tendría que sentarme a hablarte de él. El problema del mal no deja nunca de plantearse y discutirse. Pero es complicado enunciarlo e intentar exponer de un modo lógico las conclusiones a las que llega una persona sencilla. Según la Enciclopedia Católica, «puede describirse el mal, en sentido amplio, como la oposición a los deseos y las necesidades de los individuos que la experiencia nos demuestra que existe en el universo».

Si prescindimos del «mal moral», que estoy convencida de que reconoces, puesto que no te dices a ti mismo conscientemente: «Esto está mal: voy a hacerlo», y puesto que asumes tu deber con el prójimo; si prescindimos del mal de la metafísica, porque aquí no estamos tratando de terremotos, ciclones, inundaciones, ni de los instintos depredadores de los animales; si prescindimos de ambos, nos queda el mal «físico», que es el «mal» al que tú te refieres.

«El mal físico», continúa la Enciclopedia, «comprende todo aquello que causa al hombre daño, lesión corporal, frustración de sus deseos naturales, impedimento del pleno desarrollo de sus facultades, sea directamente en el orden de la naturaleza, o a través de las distintas condiciones sociales en las que la humanidad existe de un modo natural. Los males físicos debidos directamente a la naturaleza son la enfermedad, el accidente o la muerte. La pobreza, la explotación y algunas formas de enfermedad son manifestaciones del mal derivado de una organización social imperfecta. El sufrimiento psíquico, como la angustia, la desesperación o el remordimiento, y la limitación de la inteligencia, que impiden a los seres humanos alcanzar la plena comprensión de su entorno, son formas congénitas del mal que varían en carácter y en grado según la propia inclinación natural y las circunstancias sociales».

Así pues —dices tú—, si Dios lo ha creado todo, ha creado el mal y es responsable de él. No te gusta esa clase de Dios; y, como no te gusta, te niegas a creer en Él.

Estamos de acuerdo al creer que Dios lo ha creado todo y que es el Bien absoluto. Pero también creemos que el mal es algo negativo, no algo positivo. Es la ausencia de Bien.

También creemos que Dios le ha dado al hombre la libertad ¡ese don magnífico y terrible! ¡Cuánto mejor es que libremente, por propia elección, escojamos el Bien! ¡Cuánto mejor es ese amor que entregamos libremente, como hombres libres y no como esclavos! ¡Qué grande es esa libertad que la Iglesia nos enseña que poseemos!

Admitimos que nuestra libertad se ve con frecuencia limitada por las circunstancias, y los sacerdotes demuestran creerlo así cuando se enfrentan al tema del pecado mortal, que solo lo es si se comete con el consentimiento pleno de la voluntad.

El miedo, la inseguridad, el hambre, la ira, el amor: todas estas cosas influyen en la libertad.

¿Te acuerdas del hombre de *The Black Pit*, esa obra de teatro comunista que representaron hace tiempo en el Civic Repertory Theatre? El joven no quería convertirse en espía de la empresa, pero las circunstancias —la pobreza, el inminente parto de su mujer, la minusvalía de su hermano, su anterior condena de cárcel— le indujeron a cometer lo que sabía que era un pecado mortal y que perjudicaba a sus compañeros. Sin embargo, pese a tener limitada su voluntad, el público se daba cuenta de que era débil, de que debía haber sido más fuerte y haberlo sacrificado todo —mujer, hijo, familia e incluso su propia libertad— por la integridad de su condición obrera.

Otro caso de libertad. ¿Te acuerdas de nuestra amiga Lilian? Su hijo de dieciocho años abrió el gas y se suicidó. Recordarás que, después de la tragedia, Lilian estuvo varios meses viviendo conmigo y aquello también a mí me dejó hundida. Y, un día, en medio de su dolor, aceptando la trágica conducta de su hijo, me dijo: «Tenía que hacerlo. Era libre. Yo siempre dejé que los chicos siguieran su camino. No quería que se sintieran obligados a estar atados o pegados a mí. Me gustaba su espíritu de aventura y su libertad; y, cuando se vino a vivir conmigo, yo sabía que lo hacía porque quería. No le haría volver. Si ha querido irse, ha sido decisión suya».

Puede parecer extraño e incluso sacrílego, pero aprendí mucho de esta mujer con un sistema de valores tan distorsionado y sin fe de ninguna clase. Recuerdo que aquello me impactó: fue mi primera constatación de lo extraordinario y terrible que es el don de la libertad y de cómo ennoblece al hombre.

Quizá haya muchas personas que digan que preferirían no tenerla. Puede que digan: «¿Por qué permite Dios que yo haga esto, que cometa estos pecados, que me castigue a mí mismo?». ¿Cómo puede existir un hombre razonable que niegue que el don de la libertad es un don inmenso y ennoblecedor?

Recuerda la historia de Adán y Eva y del paraíso. Ellos eligieron desafiar a Dios, oponer su voluntad a la de Él; y, desde entonces, «la creación entera gime y sufre con dolores de parto». Desde ese momento existen en el mundo el pecado y el dolor y una lucha constante que librar. El cielo se conquista con violencia. Esta es la gran guerra que se ha librado siempre y, cuando pienso en el comunismo, ¡la lucha de clases me parece tan pequeña, tan vana e insignificante! Los que desean la guerra, el heroísmo, que se empeñen en conquistar el cielo por medio de la violencia.

He tratado esta cuestión muy someramente. Me he limitado a sugerirte algunas cosas, a exponerte mis dispersas ideas sobre este tema, que es, por encima de todos, el que más desconcierta a las mentes preclaras. Desde luego, no creo haber encontrado una solución al problema. Solo intento darte a conocer mis reacciones a las preguntas que te inquietan.

Confieso que, lo que no entiendo, lo paso por alto. Hay algunas dudas que me gusta intentar resolver y sobre las que reflexiono, pero no me obligo a ello. Las dudas no me quitan la paz; es más, reconozco (y tú no me despreciarás por eso, porque soy una mujer, y las mujeres somos así) que muchas veces evito pensar en las cosas que no entiendo.

Es mucho más fácil abandonarse en la Divina Providencia y reflexionar sobre estas consoladoras palabras: «Dichosos los que sin haber visto hayan creído». Y nosotros, desde luego, somos dichosos, te lo aseguro, y doy gracias a Dios por haberme bendecido de este modo.

El agradecimiento me llevó a entrar en la Iglesia y es un agradecimiento que crece. Y la primera palabra que pronunciará mi corazón cuando me encuentre cara a cara con Dios será «gracias». Lo mismo me sucederá, si Dios quiere, con el don de la libertad, aunque esta conlleve el pecado, el mal, el dolor y la muerte.

¿Recuerdas esa escena terrible de *Contrapunto*, de Aldous Huxley, en la que el niño muere después de una interminable agonía? Cuando lo leí, pensé que me hallaba ante un hombre atormentado a la vista del dolor físico de este mundo y que, al rebelarse contra él, llegaba casi al punto de odiar a Dios. Curiosamente, no me importaba tanto ese odio a Dios como, humanamente, el dolor de ese niño. Un judío converso me dijo una vez: «El comunista odia a Dios y el católico le ama. Pero ambos se enfrentan a Dios, centran su atención en Él. No son indiferentes. La situación de los comunistas no es tan mala como la de quienes son indiferentes. Es a los tibios a quienes Dios vomitará de su boca».

Por eso, preferiría que tú también pensaras en el dolor de un niño y odiaras a Dios antes que sintieras indiferencia hacia Él. Así podría hablar contigo y tú me escucharías.

¿Recuerdas el Ivan de Dostoievski en *Los hermanos Karamazov* y cómo se rebela contra la libertad? «Se dice que todo esto es indispensable para que en la mente del hombre se establezca la distinción entre el bien y el mal. ¿Pero para qué queremos esta distinción diabólica pagada a tan alto precio? Toda la sabiduría del mundo es insuficiente para pagar las lágrimas de los niños. No hablo de los dolores morales de los adultos, porque los adultos han saboreado el fruto prohibido. ¡Que el diablo se los lleve! ¡Pero los niños...!».

Prescindamos un momento del problema del niño y piensa en tu propio amor y tu propio dolor. Todo lo que conoces es el amor humano. Pero santa Teresa decía que podemos medir nuestro amor a Dios por nuestro amor a los hombres. Durante mucho tiempo creí que con ello solo estaba haciendo una afirmación genérica sobre el amor al prójimo. Sin embargo, más tarde comprendí que, en realidad, estaba pensando en el amor de la mujer al hombre y del hombre a la mujer: en el amor humano.

Cuando amas, te absorbe el pensamiento de la persona amada: está permanentemente presente en el trasfondo de tus pensamientos. Vives con más intensidad, sientes más apasionadamente. El sol brilla más; la belleza y el dolor son más profundos. Y, si amas a Dios de verdad e intensamente, no pensarás que ese amor es una tentación de la carne, sino que ese amor que se ha adueñado de ti se puede usar como una regla con la que medir y aumentar tu amor a Dios.

Nunca dejas de ser consciente de la presencia en este mundo, a tu lado, de otro ser humano que está unido a ti de un modo extraño, en virtud de algún hechizo, de manera que la idea de él te obsesiona. Pero ¿y Dios? ¿Soy permanentemente consciente, en lo más hondo de mis pensamientos, de su presencia en mi vida? ¿Vivo —como suele decirse— la presencia de Dios? ¿Es Dios quien ennoblece cada tarea, quien da vida a mi trato con los demás, quien hace más intenso cada momento?

Cuando alguien está enamorado, no concibe no estarlo. Sin ese sentimiento esencial la vida parece apagada y gris. ¿Se puede concebir la vida sin Dios, separado de Él? Sí, el amor humano es una buena comparación, una buena vara de medir. Y estarás de acuerdo conmigo en que el deseo de sacrificarse nace del amor: ¿cuál es, según tú, el sentimiento que sostuvo a Sacco y a Vanzetti cuando fueron condenados a esos ocho largos años de cárcel? Tú has leído sus cartas y sabes, igual que yo, que fue el amor a sus compañeros, el deseo de sufrir y sacrificarse por ellos. Si el amor del hombre puede conducir a algo tan sublime, ¿qué será el amor de Dios? Piensa en cuántos hombres han muerto por amor a Él, sin resistirse, para compartir los sufrimientos de Cristo.

Sí. El amor, el amor más grande —¿y quién quiere un amor mediocre?— trae consigo el deseo de sufrir. El amor a Dios puede ser tan arrollador que desea hacerlo todo por el Amado, soportar el hambre, el frío y el sueño en un éxtasis de fervor y entusiasmo. Existe un amor tan grande que el Amado lo es todo y uno no es nada, y esta constatación conduce a la humildad, una humildad auténtica y gozosa que desea hacer lo más pequeño, lo más insignificante, lo más difícil, así como lo que más repugna; a pisotear el propio orgullo; a renunciar incluso al heroísmo. A postrarse uno mismo en tierra, esa noble tierra, ese amado suelo que Cristo convirtió en algo sagrado y precioso para nosotros con su Sangre, derramada sobre él.

Puede que digas: bien, admitamos el deseo de sufrir personalmente toda clase de dolor y de angustia, pero ¿qué ocurre con el sufrimiento de los demás? Quizá me digas: ¿eres capaz de quedarte parado y ver a tus hijos colgados de los pulgares en una cárcel mexicana —como han hecho con unos niños en México— sin verte sacudido por el odio, si no contra Dios, contra esos desalmados que los torturan? ¿Eres capaz de amarlos como te piden que hagas? ¿Eres capaz de ver a tu hijo de diez años enfermo retorcerse y gemir en su agonía y no cuestionarte la bondad del Dios que permite tales cosas?

Y yo solo puedo responderte —y, mientras escribo esto, lloro de tristeza y de angustia— que, incluso así, pido a Dios que aumente mi fortaleza para que, si me ocurre algo tan horrible (y, gracias a Dios, no podemos prever esa clase de cosas), si toda mi naturaleza humana sufre hasta enloquecer, mi voluntad —la libertad que Dios me ha dado— me sostenga firme en Su presencia para que en la vida, que encierra cosas tan insoportables y terribles, como en la muerte, le elija a Él y a Él me someta. Porque ¿*existe algún Otro*? ¿Debería elegir la Nada?

Te aseguro que me ha costado escribir todo esto. He tardado más de un año en hacerlo. Todo está dirigido a ti, con cariño y con el corazón; y escribo porque hay muchos como tú, y porque Dios ha querido que escribir sea mi vocación.

Te pido que lo leas y me creas cuando digo que pienso que ni la vida ni la muerte, ni el pasado ni el futuro, pueden separarme del amor de Dios, siempre y cuando, haciendo uso del don de la libertad, lo elija a Él.

EPÍLOGO

No podemos ir solos al cielo.
De lo contrario [...] Dios nos dirá:
¿Dónde están los demás?[1]

En diciembre de 1932, cuando el semanario católico *The Commonweal* envió a Washington a Dorothy Day para cubrir la Marcha del Hambre celebrada en esas fechas, la periodista visitó la cripta del Santuario Nacional de la Inmaculada Concepción: «Recé una plegaria [...] en la que pedí de manera especial que se me abriera un camino para poner los talentos que pudiera tener al servicio de mis hermanos, los trabajadores y los pobres». A su regreso, al entrar en su piso, la estaba esperando un hombre que «se presentó lacónicamente: "Me llamo Peter Maurin [...] Un comunista irlandés pelirrojo me recomendó en Union Square que hablara contigo. Dice que pensamos igual"»[2].

[1] Dorothy Day. «Aims and Purposes». *The Catholic Worker,* febrero 1940, nº 7. http://www.catholicworker.org/dorothyday/Reprint2.cfm?TextID=182
[2] Dorothy Day. *La larga soledad.* Sal Terrae, Santander, 2000, p. 181.

Así se inició una colaboración que se prolongaría hasta la muerte de Maurin en 1949. Este empezó por solventar las lagunas de conocimiento de Dorothy Day en materia de doctrina católica. El 1 de mayo de 1933 juntos lanzaron a la calle, al precio de un centavo, el primer número de *The Catholic Worker*, un periódico cuyo propósito era el de evangelizar a los trabajadores desde una visión genuinamente católica de la sociedad y promover una «revolución verde» diseñada como alternativa al movimiento obrero marxista.

El Movimiento del Trabajador Católico del que Day y Maurin fueron cofundadores se centró en la creación, por un lado, de casas de hospitalidad donde se vivía en comunidad, poniendo en práctica las obras de misericordia y prestando todos aquellos servicios que se pudieran ofrecer a través de la mutua colaboración; y, por otro, de granjas-comuna que facilitaban —principalmente a obreros en paro— tierras y lugares donde vivir, y en las que la propiedad privada coexistía con el trabajo comunitario.

De acuerdo con el lema de «culto, cultura, cultivo», en unas y otras se promovía la difusión del conocimiento intelectual y la formación doctrinal: «Junto con las obras de misericordia [...] debemos adoctrinar. Debemos "dar razón de nuestra fe". De lo contrario, somos miembros separados del Cuerpo de Cristo, no somos "miembros unos de otros" [...] Si no damos doctrina [...] nos convertimos en meros filántropos que ofrecen asistencia»[3]. Esta visión de la atención a los más necesitados explica su especial sintonía con la beata Teresa de Calcuta, quien en 1970 invitó a Dorothy a hablar a sus novicias y la distinguió regalándole uno de los crucifijos que las misioneras de la Caridad llevan siempre prendido en el sari.

---

[3] Dorothy Day. «Aims and Purposes». *The Catholic Worker*, febrero 1940, nº 7. http://www.catholicworker.org/dorothyday/Reprint2.cfm?TextID=182

En la actualidad hay cerca de 208 comunidades de los Trabajadores Católicos extendidas por todos los Estados Unidos (Alabama, California, Florida, Georgia, etc.), y por otros 25 países como Bélgica, Canadá, República Dominicana, Nueva Zelanda o Uganda. Su sencillo estilo de vida está basado en el Evangelio, la oración y la fe católica; en el servicio a los pobres y en la lucha contra la injusticia social. En algunas casas los ingresos proceden del trabajo externo de sus miembros o bien de las industrias artesanales desarrolladas por la comunidad, pero la mayoría se sostienen gracias a donativos económicos y materiales de alimentos, ropa, enseres, etc. Las casas de hospitalidad proporcionan alojamiento a personas sin techo, mujeres con distintas necesidades, enfermos crónicos, moribundos, inmigrantes y desempleados.

La labor social llevada a cabo por Dorothy se rigió siempre por el espíritu y las directrices del Magisterio de la Iglesia recogidas en las encíclicas papales, que ella conocía bien: desde la *Divini Redemptoris* de León XIII hasta la *Quadragesimo anno* de Pío XI y la *Rerum novarum* de Pío XII: «Trabajamos por "un cielo nuevo y una tierra nueva en la que habite la justicia". Intentamos decir con nuestras obras "hágase tu voluntad en la tierra como en el cielo". Trabajamos por un orden social cristiano»[4].

A lo largo de su vida, la postura antibelicista de Dorothy Day la llevó a participar en distintos movimientos por la paz. Su visión del auténtico pacifismo, cuyo «manifiesto es el Sermón de la Montaña», quedó claramente plasmada en *The Catholic Worker* cuando insistió en la necesidad de emplear armas tradicionales del espíritu como la oración, el ayuno y la recepción de los sacramentos. Su actividad, iniciada antes de su conversión en colaboración con los movimientos pacifistas

---

[4] *Ibid.*

de la época, se prolongó en 1942 con su manifiesta oposición a la segunda guerra mundial, que le valió una investigación del FBI. En los años 50 se unió a otros Trabajadores Católicos en desobediencia civil contra los ejercicios nucleares de defensa civil y fue encarcelada. Durante el Concilio Vaticano II *The Catholic Worker* publicó una edición especial sobre la paz y los problemas morales de la guerra moderna que hizo llegar a los obispos reunidos en Roma. En 1963 se trasladó al Vaticano junto con las integrantes de «Women for Peace» con intención de influir en los padres conciliares para que incluyeran la no violencia como un elemento esencial de la práctica del Evangelio. Su fama como pacifista activa alcanzó su punto culminante a raíz de la guerra de Vietnam. Más tarde, en 1973, intervino en el Congreso de la organización pacifista católica Pax Christi USA.

«El catolicismo era para Dorothy el centro de su existencia. Era su nervio vital [...] Participaba en la misa diaria, visitaba al Santísimo Sacramento diariamente, rezaba la liturgia de las horas, rezaba el rosario y se confesaba semanalmente»[5].

Los principios básicos de la espiritualidad de Dorothy Day sobre los que se cimentaron tanto su labor social como su rica vida interior hablan ante todo de la primacía de lo espiritual sobre lo material: «No basta con alimentar el cuerpo. Necesitamos alimentar el alma. Por eso, quienes dirigen el trabajo y cuantos atraigamos a colaborar con nosotros deben asistir diariamente a la santa misa»[6]; «en el trabajo son fundamentales la misa diaria y la sagrada comunión»[7].

---

[5] Mark y Louise Zwick. «Dorothy Day y el movimiento del Trabajador Católico». www.catholicworker.org

[6] Dorothy Day. «Aims and Purposes». *The Catholic Worker,* febrero 1940, nº 7. http://www.catholicworker.org/dorothyday/Reprint2.cfm?TextID=182

[7] Carta de Dorothy Day. «La vida del Movimiento del Trabajador Católico» en cjd.org/

La importancia que daba a la vida de oración queda reflejada en otra de sus iniciativas más célebres: «El último año de la guerra decidimos convertir una de nuestras granjas en una casa de retiro, adonde la gente pudiera ir a meditar, rezar y empezar a comprender lo que significa ser hijo de Dios y las responsabilidades que ello comporta [...] Entendíamos que un retiro tenía que ser como un tratamiento de *shock* que acabara con el "hombre viejo" y nos llevara hasta la nueva vida»[8].

Day aconseja también la práctica de la presencia de Dios, que «está con nosotros en nuestras cocinas, en nuestras mesas, en nuestras colas del pan, en quienes nos visitan, en nuestras granjas». Es el medio que nos facilita «ver a Cristo» en quienes nos rodean, porque «también Él necesitó comida y refugio; también Él calentó sus manos en el fuego y se echó a dormir en una barca»[9].

La atención a los más necesitados que vive y predica hunde sus raíces en la doctrina del Cuerpo Místico: «Creemos que todos los hombres son o podrían ser miembros del Cuerpo Místico de Cristo; y, como para Dios no hay tiempo, así debemos considerar a cualquier hombre, sea ateo, judío o cristiano». La auténtica fraternidad humana, a su vez, «no puede existir sin la Paternidad de Dios». Y todo ello sin excluir la propia «responsabilidad personal», que ella misma defiende como un ideal de cualquier católico.

Dorothy Day murió el 29 de noviembre de 1980 en Maryhouse (Nueva York), la casa de hospitalidad donde transcurrieron los últimos años de su vida. Veinte años después, el 16 de marzo de 2000, el cardenal John O'Connor escribía: «Con inmensa alegría os anuncio que la Santa Sede ha

---

[8] Dorothy Day. *La larga soledad*. Sal Terrae, Santander, 2000, p. 275.
[9] Dorothy Day. «Aims and Purposes». *The Catholic Worker*, febrero 1940, nº 7. http://www.catholicworker.org/dorothyday/Reprint2.cfm?TextID=182

aprobado la apertura de la causa de beatificación y canonización de Dorothy Day por parte de la Archidiócesis de Nueva York. Esta aprobación viene acompañada del título de sierva de Dios. ¡Qué regalo para la Iglesia de Nueva York y para la Iglesia universal!».

Estas páginas contienen el relato de lo que Benedicto XVI considera una de las «grandes conversiones» de nuestro tiempo: «También en nuestra época de eclipse del sentido de lo sagrado la gracia de Dios actúa y obra maravillas en la vida de muchas personas. El Señor no se cansa de llamar a la puerta del hombre en contextos sociales y culturales que parecen engullidos por la secularización [...] La capacidad de oponerse a las lisonjas ideológicas de su tiempo para elegir la búsqueda de la verdad y abrirse al descubrimiento de la fe está testimoniada por otra mujer de nuestro tiempo: la estadounidense Dorothy Day [...] El camino hacia la fe en un ambiente tan secularizado era particularmente difícil, pero la Gracia actúa igual [...] Dios la condujo a una adhesión consciente a la Iglesia, a una vida dedicada a los desheredados»[10].

---

[10] Benedicto XVI. Audiencia general, miércoles 13 de febrero de 2013.

ESTE LIBRO, PUBLICADO POR
EDICIONES RIALP, S. A.,
MANUEL URIBE, 13-15, 28033 MADRID,
SE TERMINÓ DE IMPRIMIR EN
ANZOS, S. L., FUENLABRADA (MADRID),
EL DÍA 3 DE MARZO DE 2025.